はじめに
～本書の活用にあたって～

　2019年に実施されたFATF第4次対日相互審査に向け、金融機関においては実効的なマネー・ローンダリングおよびテロ資金供与対策（マネロン等対策）管理態勢の構築の取組みがすすめられました。FATF審査後においても、金融機関はそのモチベーションを維持し、日々変化するマネロン等リスクに対応するために、継続的に態勢を見直し、改善させていくことが求められています。

　本書は、金融機関の行職員、特に営業部門・窓口担当に携わる第1線の方々に向け、主に犯罪収益移転防止法および金融庁のガイドラインの規定内容やそれらに基づく顧客対応等の確認のため、親しみやすい会話や設例を用いて、重要と思われるテーマについてポイントを解説するほか、知識の再確認、再定着のための「ドリル問題（○×式正誤問題）」と「解答・解説」を掲載したものです。

　ドリル問題は1回15問として14回分を掲載し、解答・解説においては誤りの理由に加え、一部、関連知識も付記しています。日本コンプライアンス・オフィサー協会実施「AMLオフィサー認定試験」の受験後の継続的な学習・確認および日常業務のブラッシュアップのためにもご活用ください。

---《内容構成》---

PART 1　シーン＆ポイント編
　金融機関のマネー・ローンダリングおよびテロ資金供与対策に関する重要なテーマについて、会話・設例で紹介し、重要な概念を「Scene & Point」として解説しています。

PART 2　問題編
　主要な14テーマから、ランダムにセレクトした問題を1回15問、14回分を掲載しています。

PART 3　解答・解説編
　PART 2問題編の解答および解説を掲載しています。間違った問題については理由なども確認しておきましょう。

　また、巻末ページの「得点管理表」は、自主学習や社内の勉強会・研修会などで学習の進捗度の確認・記録にお役立てください。

目　次

＊法令等および用語について

　本書の出題および解説等は、2020 年 8 月現在の法令等に基づいたものです。
　なお、法令名等の記載については下記の略称を用いています。

・犯罪による収益の移転防止に関する法律
　　……犯罪収益移転防止法、犯収法
・犯罪による収益の移転防止に関する法律施行令
　　……施行令
・犯罪による収益の移転防止に関する法律施行規則
　　……施行規則
・外国為替及び外国貿易法
　　……外為法
・マネー・ローンダリング及びテロ資金供与対策に関するガイドライン（金融庁）
　　……ガイドライン
・組織的な犯罪の処罰及び犯罪収益の規制等に関する法律
　　……組織的犯罪処罰法
・国際的な協力の下に規制薬物に係る不正行為を助長する行為等の防止を図るための麻薬及び向
　精神薬取締法等の特例等に関する法律
　　……麻薬特例法
・国際連合安全保障理事会決議第千二百六十七号等を踏まえ我が国が実施する国際テロリストの
　財産の凍結等に関する特別措置法
　　……国際テロリスト財産凍結法
・公衆等脅迫目的の犯罪行為のための資金等の提供等の処罰に関する法律
　　……テロ資金提供処罰法

　　ほか、一部、「マネー・ローンダリング」を「マネロン」、「マネー・ローンダリング及びテ
ロ資金供与対策」について「マネロン等対策」と略記しています。

PART 1
〈シーン＆ポイント編〉

ある金融機関支店でのひとコマです。
マネー・ローンダリングおよびテロ資金供与対策の重要性を理解しましょう。

職員 A　最近急に、官民をあげて、マネー・ローンダリング・テロ資金供与対策の厳格化がすすめられてきましたが、なぜでしょうか？

支店長　マネー・ローンダリングは、薬物取引をはじめとする犯罪行為で得られた資金を、捜査機関による摘発等を免れるために、その出所をわからなくする行為だ。不法資金の合法化のために、預金口座への入金や送金取引が行われたり、入金した不法資金を元に融資を受けたり金融商品を購入するなどによって合法な資金に見せかけるために、金融システムが悪用されるということでもある。

　これを許すと、反社会的勢力の資金力が増大してその組織も拡大し、健全で安全・平和な社会の形成に重大な支障を及ぼしかねない。さらに、マネー・ローンダリングは、国内だけでなくグローバル化が進んでおり、国際的な対策が不可欠な課題でもある。

　そこで、1988 年 12 月には「麻薬及び向精神薬の不正取引の防止に関する国際連合条約」が採択され、1989 年 7 月のアルシュ・サミット経済宣言によって FATF が設立された。

職員 B　日本への第 4 次対日相互審査で色々対応がなされた FATF ですね。なぜ FATF 審査への対応が必要なのでしょう？

支店長　FATF は、マネロン・テロ資金供与対策のための政府間会合で、現在（2020 年 9 月）、日本を含む 37 の国・地域および 2 の国際機関が参加している。

　設立当初は、マネロン対策に係る国際的な協調指導、協力推進などを担ってきたが、2001 年の米国同時多発テロ事件後の同年 10 月には、テロ資金供与対策もその任務に加えられた。

　日本は、2008 年の第 3 次対日相互審査で厳しい評価を受け、複数回にわたる法改正、新法制定による対応が行われた。国際的なマネロン・テロ資金供与対策が不備である場合、FATF によりハイリスク国として国名が公表されたり、それによる金融機関の国際業務、送金等への影響もあり得る。また、個別の金融機関でマネロン事案があれば風評リスクも免れない。第 4 次対日相互審査の評価は非常に重要だね。

FATF 審査

Point 1 マネロン等対策の重要性とＦＡＴＦ審査

●マネー・ローンダリングの３つの手法

マネー・ローンダリングは、金融システム・金融機関を悪用する以下のような手順が、別々にあるいは同時に実施されることにより行われる。

① プレイスメント……プレイスメントとは、犯罪行為から得られた一定の現金を、金融システムあるいは合法的な商業サービスへと物理的に預け入れることを指す。

② レイヤリング……現金の出所を、いくつかの金融機関との取引を通すことによって、犯罪活動という大元から分離することを指す。資金の電子送金による移動も含まれる。

③ インテグレーション……違法行為によって得られた資金と合法的に得られた資金を統合し、所有権について合法的な根拠を持たせることを指す。

● FATF とは

FATF（Financial Action Task Force：金融活動作業部会）は、マネー・ローンダリングおよびテロ資金供与（以下「マネロン等」）対策に係る国際的な協調指導、協力推進等の役割を担う政府間会合である。

その主な活動内容は次の通り。① FATF 勧告（マネロン等対策に関する国際基準）の策定と見直し、②相互審査（FATF 参加国・地域相互間における FATF 勧告の遵守状況の監視）、③ FATF 非参加国・地域における FATF 勧告の推進、④マネー・ローンダリング・テロ資金供与の手口および傾向に関する研究　等。

●近年の国内対応等

2008 年 3 月：犯罪収益移転防止法の全面施行

2008 年：FATF 第 3 次対日相互審査、同年 10 月報告書（概要）の公表
（→指摘を受けた不備事項を補完する法制度改正が行われる。）

2016 年 10 月：改正犯罪収益移転防止法の全面施行

2018 年 2 月：金融庁「マネー・ローンダリング及びテロ資金供与対策に関するガイドライン」策定（2019 年 4 月に一部改訂）

2019 年 11 月：オンラインで完結する本人特定事項の確認方法等の新設

2020 年 4 月：転送不要郵便等を用いた非対面取引における確認方法の厳格化等

● FATF 第 4 次対日相互審査（2019 年）

FATF 勧告の遵守・履行状況について「法技術的な側面」と「実効性の側面」に対する書面審査（2019 年 4 〜 9 月）とオンサイト審査（10 〜 11 月）が実施された。審査結果に応じ、通常フォローアップまたは強化フォローアップのプロセスがスタートし、5 年後には再評価が予定されている。その時点で、指摘された課題が解決されていない場合、さらにフォローアップが継続する。

なお、第 4 次対日相互審査結果の審議・採択が行われる FATF 総会は、新型コロナウイルスの世界的な影響により 2020 年 6 月から 10 月に延期されている。

Scene 2　マネロン等対策にかかわる各種法令等

金融機関内でのマネロン等対策に関する勉強会のシーンです。
マネロン等対策に関する法令について理解しましょう。

職員C　…このような背景から、われわれ犯罪収益移転防止法上の特定事業者である金融機関としては、取引時確認などの措置を的確に実施しなければなりません。

職員D　金融機関が遵守すべき法令としては、犯罪収益移転防止法のほかにも、各種の要請がありますよね。

職員C　そうですね。対外取引に関しては、外為法による確認義務なども当然遵守しなければなりません。さらに、2001年の米国同時多発テロを契機に制定された「テロ資金提供処罰法」、テロリスト対策の強化を求めたFATF第3次対日相互審査の指摘を踏まえ制定された「国際テロリスト財産凍結法」といった法律にも留意が必要です。

　2019年実施のFATF第4次対日相互審査では、法令の整備状況等の形式面に加え、金融機関等が実施しているマネロン等対策の「有効性」が審査対象となったこともあり、法令上の形式的なチェックにとどまらず、FATFや犯罪収益移転防止法の求めている、「リスクベース・アプローチ」による実効的な対策に向けて策定された金融庁のガイドラインの内容も重要です。

職員D　犯収法や外為法等のほかに、ガイドライン等をなぜ遵守しなければならないのでしょうか。

職員C　国際社会がテロ等の脅威に直面する中、マネロン等対策の不備等から、海外展開する日本の金融機関が外国当局より巨額の制裁金を課された事例や、地域銀行による決済取引が海外議会の報告書の中で取り上げられる事案が生じるなど、マネロン等対策に対する目線が急速に厳しさを増しているという実態があります。

　国際的な金融規制の枠組みについていけない国や金融機関は、世界的な金融ネットワークに参加を許されないということですね。テロ資金供与対策の態勢整備は、日本でのオリンピックや国際博覧会などの国際イベントの開催に関しても影響があるかもしれません。

職員D　…その前に、早く、マスクをしないでよくなってほしいですね。

Point2 マネロン等対策にかかわる各種法令等

●犯罪収益移転防止法

　金融機関等の特定事業者について、マネロン・テロ資金供与の防止のために、以下の措置を講じることを義務付けている。

① 　取引時確認の実施：顧客管理措置として一定の取引を行う際に顧客等の本人特定事項等を確認するとともに、当該確認記録と当該取引に係る記録等を保存しなければならない。

② 　疑わしい取引の届出：業務において収受した財産が犯罪による収益である疑いがある場合等には行政庁に届け出なければならない。

●外為法

　外為法は、対外取引の正常な発展とわが国または国際社会の平和および安全の維持、ならびにわが国経済の健全な発展に寄与することを目的としている。同法は、マネロンの防止や資産凍結等経済制裁にかかる規定を設けており、対外取引における国際テロリストの資産凍結を講じている。

●国際テロリスト財産凍結法

　国際テロリスト財産凍結法は、国連安保理決議により指定された者を、国家公安委員会が、公告国際テロリストとして指定し、規制対象行為（規制対象財産（15,000 円超の金銭、有価証券、貴金属等、土地、建物、自動車、その他、これらに類する財産として政令で定めるもの）の贈与、規制対象財産の貸付、規制対象財産の売却、貸付その他の処分の対価の支払い、預貯金の払戻し等の一定の取引について、公安委員会の許可を必要とすることとして制限しており、国内取引における国際テロリストの資産凍結を講じている。

●テロ資金提供処罰法

　テロ資金提供処罰法は、公衆・国・地方公共団体・外国政府等を脅迫する目的の犯罪を「公衆等脅迫目的の犯罪行為」としてその類型を定め、それら犯罪を実行しようとする者が資金またはその実行に資するその他の利益（不動産、物品、役務、物、技術、情報等）の提供をさせること、およびそれらの者に提供することを禁じており、テロリストおよびテロ行為協力者による資金・利益の供与を規制している。

●ガイドラインの一部改正

　金融庁は、2019 年 2 月 13 日、金融庁所管の金融機関等を対象とするマネロン等対策に関するガイドラインを一部改正し、その適用を同年 4 月 10 日に開始した。主な改正点は、①テロ資金供与対策および大量破壊兵器の拡散に対する資金供与防止のための必要性・重要性の明確化、②リスクの特定におけるリスク評価の際に参照すべき分析、③全ての顧客のリスク評価、④ IT システムに用いるデータに係る網羅性・正確性の確保である。

ある金融機関支店での職員と支店長の会話です。
金融庁のガイドラインの制定の背景やその位置付けを理解しましょう。

職員E　金融庁のガイドラインが制定されたのはなぜでしょうか？

支店長　金融庁は、平成29事務年度の金融行政方針の中で、マネロン等を未然に防止するためには、各国が協調して対策を講じ、それを的確に実施することが重要であり、わが国においてもその高度化が求められていること、また、2019年の第4次FATF対日相互審査も見据え、官民双方が連携してマネロン等に利用されない日本の金融を実現するための体制を強化することが重要とした。さらに、実効的な態勢整備のための金融機関向けガイダンスの公表等を行うことを表明し、2017年12月にガイドライン案を公表、パブリックコメントを経て2018年2月にガイドラインが策定され、即日適用となった経緯がある。

職員E　ガイドラインは、犯罪収益移転防止法や監督指針とどのように関係しているのでしょうか。

支店長　ガイドラインの策定とあわせて金融庁の監督指針が一部改正されているが、その内容は、銀行業務に関して、取引時確認等の措置およびリスクベース・アプローチを含むガイドライン記載の措置を的確に実施し、テロ資金供与やマネー・ローンダリング、預金口座の不正利用といった組織犯罪等に利用されることを防止するための態勢整備を求めるものだ。したがって、われわれはガイドラインを監督指針と一体としてこれを遵守する必要がある。
　　また、金融庁は、各金融機関におけるマネロン等のリスクを分析・評価し、そのリスクに応じたモニタリングを行うとしている。

職員E　ガイドラインの規定には従わなければならないということですね。

支店長　そうだね。ガイドラインは、各金融機関が対応すべき措置等について、「対応が求められる事項」と「対応が期待される事項」を整理して記載している。「対応が求められる事項」については、その対応措置が不十分な場合など、管理態勢に問題が認められる場合は、報告徴求・業務改善命令等の行政処分等が行われることになっている。

　　また、「対応が期待される事項」についても、各金融機関にとってその重要性が認められる事項については、積極的に対応すべきことになる。また、「先進的な取組み事例」についても、これらを適宜参考として態勢の構築を図ることが必要だ。

先進的な取組み事例

対応が期待される事項

対応が求められる事項

Point3　金融庁ガイドライン

●ガイドラインの策定

正式名称は「マネー・ローンダリング及びテロ資金供与対策に関するガイドライン」で、2018年2月公表（2019年4月一部改正）。

2016年10月1日の完全施行となった犯罪収益移転防止法の改正法においては、取引時確認義務、記録作成・保存義務、疑わしい取引の届出義務、体制整備の（努力）義務において、リスクベース・アプローチの考え方が取り入れられたが、金融機関における対応に課題が見られたことなどから、第4次FATF対日相互審査を前に、リスクベース・アプローチの考え方・実践について事例等を示して対応の高度化を求めたものである。

●ガイドラインの位置付け

金融機関は、ガイドラインを監督指針の内容を構成するものとして捉え、これを遵守する必要がある。金融庁は、ガイドラインについて、FATFがマネロン等対策について所要の規定を設けることを要請する「Law又はEnforceable Means」（法令その他の執行可能な手段）のうち、「対応が求められる事項」等を明確化した本ガイドラインを、基本的には、FATFの定義するEnforceable Meansに該当するものとしている。

●ガイドラインの概要

① リスクベース・アプローチによるマネロン等リスク管理態勢の構築・維持は、金融機関において当然に実施していくべき事項（ミニマム・スタンダード）であるとしている。

② 自らが提供する商品・サービス、取引形態、国・地域、顧客の属性等のマネロン・テロ資金供与リスクを特定・評価したうえで、低減措置（顧客管理としての取引時確認、記録の作成保存、疑わしい取引の届出等）を講じることを求めている。

③ 2019年4月の一部改正では、顧客管理に関して、顧客類型ごとの評価等により全ての顧客についてリスク評価を実施することが記載された。

④ 2019年4月の一部改正では、非営利団体の活動の性質や範囲等によっては、テロ資金供与に利用されるリスクがあることを踏まえた対策を検討しリスク低減措置を講ずることが記載された。

⑤ 海外送金等の業務を行う金融機関等においては、国内のマネロン等の動向だけでなく、外国当局による監督も含め、国際的なマネロン等対策の動向を十分に踏まえた対応が求められる。

⑥「対応が求められる事項」が適切になされていなかった場合は行政処分（銀行法24条の追加報告等、同法26条の業務改善命令等、同法26条・27条に基づく業務の一部停止命令等）の対象となり得る。

Scene4　ガイドラインとリスクベース・アプローチ

ある金融機関支店での職員と支店長の会話です。
ガイドラインで強調されるリスクベース・アプローチがテーマです。

職員F　金融庁のガイドライン等が金融機関へ求めるリスクベース・アプローチとは、どのようなことでしょうか。

支店長　金融機関においては、マネロン等対策に割けるリソース（人員・コスト・時間等）は有限であり、また、法令等を一律に遵守するだけでは、最低限の措置を講じたにすぎず、実質的なリスクに対応できないおそれがある。そこで、リスクが高い取引については厳格な措置を、リスクが低い取引については簡素な措置を実施すること等により、リソースを効率的に配分し全体的なリスクを低減するという FATF 勧告の基本原則である考え方だ。

職員F　リスクが高いか低いか、リソースをどのように配分するか等については、誰がどのように判断するのでしょうか。

支店長　リスクベース・アプローチは、どの商品・サービス、取引形態、顧客属性等に重点を置いてマネロン等対策を講じるべきかという判断を各金融機関に求めており、こうした判断は、経営判断に他ならない。したがって、まず、経営陣がマネロン等のリスクについて深く理解し、経営陣の主導の下、所管部を通じて、営業店の職員に至るまで危機意識を醸成し、マネロン等に係るリスク管理の必要性を認識、共有しておくことが必要だ。

職員F　経営陣に具体的に求められる役割は、ガイドライン上で明確にされているのですか。

支店長　ガイドラインの「Ⅲ 管理態勢とその有効性の検証・見直し」における「Ⅲ－2 経営陣の関与・理解」の「対応が求められる事項」には、マネロン等対策を経営戦略等における重要課題の一つとして位置付けること、所管部門への専門性を有する人材の配置および必要な予算の配分等、適切な資源配分を行うこと、経営陣が、職員へのマネロン等対策に関する研修等につき自ら参加するなど、積極的に関与すること、などが記されている。
　もちろん、経営陣の判断の前提としては、常に変化するリスクの特定・評価が適切に行われていなければならず、様々なリスクに直面し、これに日々対応する営業店職員の役割は重要だ。

Point 4 　ガイドラインとリスクベース・アプローチ

●マネロン等対策におけるリスクベース・アプローチ

　金融機関が、自らのマネロン等リスクを特定・評価し、これを実効的に低減するため、当該リスクに見合った対策を講ずることである。

●犯罪収益移転防止法におけるリスクベース・アプローチ

　改正犯罪収益移転防止法において定められた下記のリスクベース・アプローチにかかる規定は、③の努力義務も含め、ガイドライン・監督指針によって実質的に義務化されている。

① 　特定事業者による疑わしい取引の届出の要否の判断（当該取引に係る取引時確認の結果、当該取引の態様その他の事情のほか、犯罪収益移転危険度調査書の内容を勘案して行わなければならない）

② 　高リスク取引等への対応（疑わしい取引の届出の要否の判断や取引の実行に際して統括管理者による確認・承認等の厳格な手続を行わなければならない）

③ 　体制整備義務（犯罪収益移転危険度調査書の内容を勘案し、以下の措置を講ずるように努めなければならない）

＊自らが行う取引について調査・分析した上で、その結果を記載した書面等（特定事業者作成書面等）を作成し、必要に応じて見直し、必要な変更を行うこと

＊特定事業者作成書面等の内容を勘案し、必要な情報を収集・分析すること、ならびに保存している確認記録および取引記録等を継続的に精査すること

＊高リスク取引を行う際には、統括管理者が承認を行い、また、情報の収集分析を行った結果を記載した書面等を作成し、確認記録または取引記録等と共に保存すること

＊必要な能力を有する従業員を採用するために必要な措置を講ずること

＊必要な監査を実施すること

●実効的なマネロン等防止態勢の整備プロセス

　リスクベース・アプローチによるマネロン等防止体制のプロセスは以下の通り。

① 　自己のマネロン等リスクの性質・程度を理解

② 　当該リスクを適切に削減するための内部管理態勢の構築・適用

③ 　顧客を特定・確認するため適切な顧客管理措置を適用、継続的にモニタリング、その他のマネロン等対策の義務を履行

④ 　疑わしい取引を適切に察知し、当局に届出

●マネロン等対策の不断の高度化

　マネロン等の手法や態様は、様々な経済・社会環境の動きの中で常に変化しており、マネロン等対策についても、これらの変化に対応して不断に高度化を図らなければならない。

Scene 5　取引時確認が必要なケース

最近当店で口座開設が行われたA氏名義の普通預金通帳と届出印を持参した顧客が来店し、普通預金190万円の払戻請求がなされ、職員Gが対応しました。

顧　客　あまり時間がないので、急いでもらえませんか。

職員G　かしこまりました。しばらくお待ちください。（190万円……取引時確認は必要ない取引だけど……）

　　　　——この口座には前日、500万円の振込入金があり、本日すでに他の2店舗で190万円と120万円の払戻しがされていました。しかし、職員Gは、正規の通帳と届出印の持参による200万円以下の払戻請求であり、取引時確認が必要ではない取引であること、また印鑑照合にも問題はなく来店者についても不審な点が感じられなかったことから、払戻しに応じようとしました。
　　　　ところが、預金課長Hから、次の指摘を受けました。

課長H　Gさん、この190万円の払戻しは、不審な点がないかな？

職員G　不審な点とは、何でしょうか？

課長H　A氏名義の預金の入出金状況だ。昨日、500万円が振込入金された後、本日、他の2つの支店で190万円と120万円の払戻しがあった。当店の190万円の払戻請求は、取引時確認を回避しようとするに等しく、正当な払戻権限を有する者ではない可能性もある。また、入金後、間もなくの全額払戻しという点も、マネロン等に用いられている疑いが大きい。
　　　　これらの払戻取引は、「顧客管理を行う上で特別の注意を要する取引」「明らかに敷居値以下に分割された取引」に該当すると考えられ、取引時確認が必要だ。

職員G　どのような点を確認すべきでしょうか。

課長H　払戻請求者に対し、運転免許証等の本人確認書類の提示を求めるとともに、他の店舗での払戻しを含めて3回に分けて払戻手続を行うに至った理由などを確認する必要がある。もし、払戻請求者がA氏以外の人物であった場合は、A氏との関係と代理権限の確認も必要になる。

　　　　——職員Gが、本人確認書類の提示を求めたところ、来店者は「自宅に忘れた。必要なら持参する」と、払戻しを中止して退店しましたが、このA氏名義の取引は「疑わしい取引」の提出を検討することとなりました。

Point5 取引時確認が必要なケース

●取引時確認の対象取引

犯収法上、取引時確認が義務付けられている取引は、「特定取引」および「高リスク取引」である。

●特定取引

特定取引には、特定業務のうち、①一定の「対象取引」に該当する取引、②「対象取引」には当たらないが、「顧客管理を行う上で特別の注意を要する取引に該当する取引」がある。また、「敷居値以下に分割したことが明らかな取引」も特定取引に当たることとされている。

> **CHECK!**
>
> 10万円超、200万円超の敷居値がある取引について、敷居値以下であるが1回当たりの取引の金額を減少させるために敷居値以下に分割されたことが一見して明らかな取引は、担当者や支店ごとに行われるものではなく、特定事業者（金融機関）ごとに行われるものであるとされている。

●対象取引

対象取引には、預貯金契約等の締結、10万円を超える現金振込み、200万円を超える大口現金取引などがある。ただし、「簡素な顧客管理を行うことが許容される取引」（税金納付等や公共料金、入学金の支払い等）は、対象取引から除かれる。

●顧客管理を行う上で特別の注意を要する取引

顧客管理を行う上で特別の注意を要する取引とは、例えば200万円を超えない預金の払戻しのように「対象取引」には該当しないものの、①マネー・ローンダリングの疑いがあると認められる取引、②同種の取引の態様と著しく異なる態様で行われる取引をいう。

●高リスク取引

高リスク取引とは、①なりすましの疑いがある取引、②契約時において確認事項を偽っていた疑いがある顧客との取引、③犯罪収益移転防止制度の整備が不十分であると認められる国または地域に居住・所在する顧客等との取引、④厳格な顧客管理を行う必要性が特に高い取引（外国ＰＥＰｓとの特定取引）など、マネロンに用いられるおそれが特に高い取引である。

●取引時確認事項

取引時確認において確認すべき事項は、「顧客の類型」（自然人、法人、国・地方公共団体、人格のない社団・財団、上場会社等の別）、および、「通常の取引の場合」と「高リスク取引の場合」とで異なる。

通常の特定取引における確認事項は、自然人の場合、本人特定事項（氏名・住居・生年月日）と取引を行う目的、職業、法人の場合、本人特定事項（名称、本店または主たる事務所の所在地）と取引を行う目的、事業内容、実質的支配者およびその者の本人特定事項、取引担当者の本人特定事項および取引権限である。

Scene6 個人顧客の取引時確認

当店にＢと名乗る人物が来店し、普通預金口座開設の申出を受け、窓口担当者Ｉが応対しました。

顧客Ｂ　アルバイトの給料の入金に必要なので、普通預金口座を開設したいのですが。本人確認書類は、運転免許証等はないので住民票の写しでいいですか。コピーはしないでほしいのですが…。

職員Ｉ　口座のご開設ですね。お申込書類にお名前・生年月日・ご住所のほか、ご職業と口座開設の目的をご記入ください。（確認書類はコピーしなくても内容を記録すればよいのだっけ…？）

顧客Ｂ　今は就活中なので、職業はアルバイトと記入すればいいですね。住所はこの支店から５キロくらい離れていますが、アルバイト先がこちらの支店の最寄りの商店街ですので、口座開設をお願いすることにしました。

職員Ｉ　かしこまりました。それでは、しばらくお待ちください。

Ｂの説明には不審な様子もなかったので、Ｉは口座開設に応じることにしました。

職員Ｉ　Ｂ様、キャッシュカードは、後日、転送不要扱いの書留郵便でのお届けになりますが、よろしいでしょうか？

顧客Ｂ　わかりました。アルバイトが忙しく不在がちなので、書留の郵送日と時間帯がわかれば携帯電話に連絡してほしいのですが…。

職員Ｉ　……そ、そうなのですか。かしこまりました。

ところが、後日、Ｂの口座は振り込め詐欺に利用され、Ｂは架空名義であることが判明しました。また、本人確認書類として提示された住民票の写しは偽造でしたが、コピーを拒絶したのは偽造の判明を阻止するためでした。また、キャッシュカードの送付日時をあらかじめ連絡することを要請したのは、他人の空き家を住所地としていたためでした。

空き家を悪用して、その所在地を住所地とし、氏名も架空の人物とする住民票の写しや印鑑登録証明書、あるいは運転免許証などの本人確認書類が偽造されて、架空名義口座を開設される事案があり、注意が必要です。顔写真付きではない本人確認書類により新規口座が開設された場合、早期に渉外担当者等が届出の住所地を訪問するなどによって、不正な事案ではないかどうかも含めて確認することが望ましいといえます。

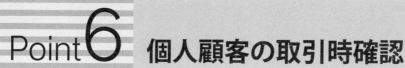

Point 6　個人顧客の取引時確認

●個人顧客との取引時確認事項

取引時確認事項は、①本人特定事項、②取引を行う目的、③職業である。

個人の本人特定事項（氏名・住居・生年月日）の確認に際しては、実在する人物なのか否かという「実在性の有無」と、別人が本人になりすましているのではないかという「なりすましの有無」の確認が必要である。

《実在性の有無の確認》

「実在性の有無」については、各種公的証明書の原本の提示を受けて確認するが、顔写真入りの運転免許証やパスポート、個人番号カード、在留カード・特別永住者証明書、身体障害者手帳等の提示であれば、「なりすましの有無」も同時に確認できる。

> **CHECK!**
>
> 2020年2月4日以降に申請されたパスポートは、住所の記載欄（所持人記入欄）がなく住所の確認ができないため、本人確認書類としては利用できない、または住所の確認には補完書類を必要とする取扱いがなされている。

《なりすましの有無の確認》

公的証明書が顔写真のない健康保険証や各種年金手帳のほか第三者でも入手可能な住民票の写し、印鑑登録証明書等の場合は、他の本人確認書類や現住所の記載のある公共料金の領収証等の提示を求めるか、あるいは証明書記載の住所宛てに取引関係書類等を転送不要扱いの書留郵便等で送付する方法等により「なりすましの有無」を確認する。

●取引の目的・職業の確認

取引の目的（「生計費決済」、「事業費決済」、「給与受取・年金受取」など）と職業（「会社員・団体職員」、「公務員」、「個人事業主・自営業」など）については申告を受けるが、顧客の住所地または勤務先が取引支店の近隣でない場合は、当店での口座開設の合理的理由について確認する。

●代理人等による場合

来店者（取引担当者）が、個人顧客の代理人等の場合は、当該代理人の本人特定事項のほか、代理権（取引の任に当たっている事由）の確認が必要である。代理権の確認方法は、①顧客等の同居の親族または法定代理人であること、②委任状または特定取引の任に当たっていることを証明する書面を有していること、③電話等により特定取引の任に当たっていることを確認する、④顧客との関係を認識している（面識がある）、など、特定取引の任に当たっていることが明らかであることを確認することによる。

　　株式会社Cの代表取締役Dと名乗る人物が来店し、C社の普通預金口座の開設申込みがあり、窓口担当者Jが応対しました。

顧客D　10日ほど前に、本社を当市に移転したので、当社の普通預金口座の開設をお願いしたいのだが。

職員J　かしこまりました。それでは、口座開設お申込書にご記入のうえ登記事項証明書等の本人確認書類とともにご提出をお願いします。また、D様の本人確認書類のご提示もお願いします。

　　Jが、申込書の記載とC社登記事項証明書の記載内容に矛盾はないかチェックしたところ、申込書に記載された内容は、①事業内容は建設業、②取引目的は販売代金の受入れや事業費の振込み等、③本店所在地は当店から徒歩5分の商業地内のマンションの一室、④C社およびDへの連絡手段は携帯電話のみ、となっていました。

　　一方、登記事項証明書の記載内容は、①目的欄は、建設業、不動産販売業、運送業、その他目的を達成するために必要な事業、②役員欄は、代表取締役D、その他取締役3名、③本店所在地は申込書の記載内容通りで、先月末日付で近隣他県から当市への移転記録があります。

　　また、顧客Dの本人特定事項やなりすましの有無を運転免許証で確認しましたが、免許証記載のDの住所地はC社の移転前の近隣他県内となっていました。

職員J　D様、C社は建設業以外にも様々な業務を行われているようですが、主たる業務は建設業なのでしょうか。また、実質的支配者はD様でお間違いないでしょうか。また、D様は免許証記載の住所にお住まいでしょうか？

顧客D　主たる業務は建設業です。また、私がC社の過半数の株主となっているので、実質的支配者は私で間違いありません。また、私の自宅も当市に移転したので、住所移転手続きを行う予定にしています。

職員J　かしこまりました。D様のご住所の移転手続きが完了しましたら、変更後の運転免許証やC社の登記事項証明書のご提示をお願いします。（……確認はこれでよかったわよね……？）

　　しかし、この場合、本店所在地がマンションの一室で、会社や代表者との連絡手段が携帯電話のみとなっているなどの状況から、会社訪問等により企業の実態を確認する必要があります。ペーパーカンパニーの疑いがある場合は、「疑わしい取引の届出」や「取引謝絶」も検討すべきです。

Point 7 法人顧客の取引時確認

●法人顧客との取引時確認事項

　取引時確認事項は、①本人特定事項、②取引を行う目的、③事業内容、④実質的支配者およびその本人特定事項、⑤取引担当者と取引権限である。

　法人の本人特定事項（名称、本店または主たる事務所の所在地）の確認に際しては、登記事項証明書、印鑑登録証明書の原本の提示を受けることで「実在性の有無」を確認する。

　また、来店者・取引担当者（代表者等）の氏名・住居・生年月日等については、運転免許証、パスポート、個人番号カード等の原本の提示を受け、委任状等により法人顧客のために取引を行っている事由を確認することで、「なりすましの有無」を確認する。

●事業内容・取引の目的の確認

　事業内容（「製造業」、「建設業」、「農業・林業・漁業」など）は、①定款またはこれに相当するもの、②有価証券報告書等、法令の規定による法人が作成することとされる書類で事業内容の記載のあるもの、③登記事項証明書または官公庁から発行・発給された書類で事業内容を証するものによって確認する。

　取引の目的（「事業費決済」、「貯蓄・資産運用」、「融資」など）は申告により確認するほか、決済資金や運用資金、融資等の利用見込み金額等についても確認することが望ましい。

●実質的支配者の確認

　実質的支配者（当該法人の議決権保有比率の合計が 25 ％超等の個人、一般社団法人等の場合は、収益総額の 25 ％超の配当を受ける個人）の氏名・住居・生年月日や法人顧客との関係についても確認する。

●取引担当者・代理人の取引権限の確認

　法人の取引担当者（代表者や職員）については、その本人特定事項のほか、代理権（取引の任に当たっていると認められる事由）の確認が必要である。

　代理権の確認方法は、①委任状または特定取引の任に当たっていることを証明する書面を有していること（ただし、当該法人の社員証等は認められない）、②当該担当者が法人を代表する権限のある役員として登記されていること、③本店・営業所等への電話等により特定取引の任に当たっていることを確認できること、④顧客と代表者との関係を認識している（面識がある）など、特定取引の任に当たっていることが明らかであることを確認することによる。

当店の窓口で公共料金の支払をすませたお客様から、メールオーダー方式での口座開設について尋ねられました。

非対面取引に関する取引時確認の方法が改正されていることをおさえておきましょう。

顧客 E　メールオーダーサービスで預金口座を開設することができると聞いたのだけど。手続きは面倒なのかしら？　進学で、1人暮らしを始めた息子にも、こちらの口座を作らせたくて。

職員 K　ありがとうございます。E様のご子息様から、お申込書と所定の本人確認書類などをお送りいただき、本人確認書類に記載のご住所に宛てて、キャッシュカードとお通帳を書留郵便でお送りする方法です。こちらがご案内でございます。

顧客 E　わかったわ。ありがとう。そういえば、インターネットでも、申し込めるのよね？

職員 K　はい。お申込内容と本人確認書類の画像をインターネット経由でお送りいただく方法があります。この場合も、キャッシュカードとお通帳を、書留郵便でお送りいたします。

顧客 E　インターネットで申し込めば、すぐに口座が使えるようになるとか、息子が言っていたような気がするのだけど…。

職員 K　そうでしたか。免許証などの画像とご本人の画像をスマートフォンのアプリなどでお送りいただく方法も最近認められるようになりました。あいにく、私どもでは、まだサービスが始まっておりませんが…。

顧客 E　まあ、そうなのね。では、メールオーダーの方法が簡単そうね。申込書と保険証のコピーがあればいいのよね？

職員 K　（あれ？　本人確認書類の写しはそれでよかったのだっけ…）

非対面取引については、犯罪収益移転防止法施行規則の改正により、①オンラインで完結する本人確認方法の創設（2018年11月30日施行）、②本人確認書類の原本または写しの送付を受け、転送不要郵便を送付する方法の厳格化等（2020年4月1日施行）が行われており、上記例の場合、原則として2種類の本人確認書類の写し、または1種類の本人確認書類の写しに加え、補完書類（公共料金の領収書等）が必要となります。

金融機関によって採用されている方法は異なっていますが、基本的な情報を確認しておきましょう。

Point 8 非対面取引における取引時確認

●オンラインで完結する自然人の本人特定事項の確認方法

2018年11月30日より追加された個人の本人特定事項の確認方法は次の通りである。

① 写真付き本人確認書類の画像および本人の容貌の画像の送信を受ける方法

送信を受ける画像には、静止画のほか動画も含む。金融機関等が提供するソフトウェアを使用することや、本人確認書類の画像については、「厚みその他の特徴」が確認できなければならない。また、本人特定事項の確認時に撮影した画像でなければならない。画像は、カラーでかつ十分な解像度が必要である。

② 写真付き本人確認書類のICチップ情報（氏名、住居、生年月日、写真の情報）の送信および本人の容貌の画像の送信を受ける方法

運転免許証、在留カード、個人番号カードが想定される。

③ 1枚に限り発行される本人確認書類の画像またはICチップ情報の送信を受け、銀行等に当該顧客が本人確認済みであることを確認する方法

④ 1枚に限り発行される本人確認書類の画像またはICチップ情報の送信を受け、当該顧客の預貯金口座に金銭を振り込み、当該顧客から当該振込みを特定するために必要な事項が記載された画像等の送付を受ける方法

ICチップ情報の送信を受ける方法には、カードリーダー等のデバイスが必要であり、今後の普及が見込まれる。

●非対面取引で行う取引時確認の一部厳格化

2020年4月1日以降、非対面取引の確認において、従前の「本人確認書類またはその写し（種類の限定なし）の送付を受ける」という取扱いは、「本人確認書類の原本の送付を受ける」「ICチップ情報の送信を受ける」「1枚に限り発行された本人確認書類の画像情報の送信を受ける」「現在住居の記載がある本人確認書類の写し2種類の送付を受ける」「本人確認書類の写しおよび補完書類（写しも可）の送付を受ける」などに限定された。

また、「本人限定受取郵便により当該顧客に対して取引関係文書を送付する方法」については、配達業者が提示を受ける本人確認書類は、顔写真付きの本人確認書類のみに限定されている。

上記は、犯罪収益移転防止法上の取扱いであり、自金融機関の提供している方法について、確認しておくことが有用である。

Scene 9 高リスク取引に当たる場合

　　H株式会社の代表取締役Iと名乗る者が、当店に来店し、普通預金口座の開設を求められました。法人の確認書類として、登記事項全部証明書を持参しています。
　　対応した職員Mは、不審な点を発見し、上司のN課長に判断を仰ぎました。

職員M　N課長、このH株式会社の登記事項証明書なのですが、H社は、設立後40年を経過していますが、先月の初めに他県から本社を移転したことがわかりました。登記簿上の本社の住所は、雑居ビルの一室となっています。代表取締役のI氏も社歴に比べて若すぎるうえに、就任日も本社移転の直前なのですが、問題はないでしょうか。

N課長　このH社は、法人としての実態のないペーパーカンパニーの可能性もある。倒産歴もあるかも知れない。本社移転前の閉鎖登記事項証明書を見れば判明するかも知れないが、詳しく経営実態を確認しておくほうがよいだろう。

職員M　何を確認すべきでしょうか。

N課長　I氏からは、事業内容（取扱商品、売上高、保有資産の状況、ほか）と経営方針、社長の経歴や本社移転の経緯、自金融機関との取引目的と想定している取引内容や取引金額、実質的支配者等の再確認、などの情報を確認すべきだね。私もいっしょに対応しよう。

職員M　取引の謝絶になりますか？

N課長　そうなるかもしれない。ガイドラインでは、謝絶等の判断は、上級管理職の承認を得ることとされている。また、マネロン等対策の名目で合理的な理由なく謝絶等を行ってはならないとされていることにも注意が必要だ。合理的に認められる場合でないにもかかわらず取引を謝絶した場合は、信義則違反や権利の濫用を主張されるおそれがある。

　　その後、I氏へのヒアリングの結果、H株式会社の口座開設は休眠会社を利用した口座開設である可能性が高いと判断し、取引を謝絶するとともに、疑わしい取引の届出を行うこととなりました。

事業内容、売上高、社長の経歴…

Point 9　高リスク取引に当たる場合

●高リスク取引

　犯罪収益移転防止法上、「高リスク取引」とは、マネロン等に用いられるおそれが特に高い取引をいい、次の取引をいう。

　①なりすましの疑いがある取引、②契約時において確認事項を偽っていた疑いがある顧客等との取引、③犯罪収益移転防止制度の整備が不十分であると認められる国または地域（北朝鮮・イラン）に居住・所在する顧客等との取引、④厳格な顧客管理を行う必要性が特に高い取引（外国 PEPs との特定取引）。

●高リスク取引における取引時確認

　高リスク取引では、厳格な取引時確認が必要となる。

①　本人特定事項については、通常の取引で確認した書類以外に追加の本人確認書類・補完書類での確認を要する。

②　200 万円を超える財産の移転を伴う場合には、書類による資産及び収入の状況の確認が必要となる。

　（【個人】源泉徴収票、確定申告書、預貯金通帳 等　【法人】貸借対照表、損益計算書 等）

③　法人の実質的支配者については代表者等からの申告に加え、株主名簿、有価証券報告書等の書類による確認が必要となる。

④　取引時確認済みの確認によることはできず、厳格な取引時確認が必要となる。

●厳格な顧客管理の実施

　ガイドライン上、マネロン等のリスクが高いと判断した顧客については、以下の内容を含むより厳格な顧客管理（EDD）の実施が求められる。

　①資産・収入の状況、取引の目的、職業・地位、資金源等について、リスクに応じ追加的な情報を入手すること、②当該顧客との取引の実施等につき、上級管理職の承認を得ること、③リスクに応じて、当該顧客が行う取引に係る敷居値の厳格化等の取引モニタリングの強化や、定期的な顧客情報の調査頻度の増加等を図ること、④当該顧客と属性等が類似する他の顧客につき、リスク評価の厳格化等が必要でないか検討すること。

●ガイドライン中の顧客管理を踏まえた預金規定・参考例

　ガイドラインでは、「必要とされる情報の提供を利用者から受けられないなど、自らが定める適切な顧客管理を実施できないと判断した顧客・取引等については、取引の謝絶を行うこと等を含め、リスク遮断を図ることを検討すること」が求められている。

　全国銀行協会は、ガイドラインを踏まえた預金規定・参考例を 2019 年 3 月 29 日に公表した。参考例では、金融機関が、取引内容等を適切に把握するため、各種確認や資料の提出を求めることがあるところ、指定した期限までに預金者から正当な理由なく回答されなかった場合には、入金、払戻し等の取引の一部を制限する場合がある旨を規定している。また、具体的な取引内容や預金者の説明内容等を考慮した結果、マネロン等へ抵触するおそれがあると判断した場合についても、入金、払戻し等の取引の一部を制限する場合がある旨を規定し、各金融機関で同旨の規定が導入されている。

普通預金取引先F（給与所得者）が200万円の現金を持参して来店し、当該口座に入金し、海外金融機関のG名義の口座に200万円から振込手数料を差し引いた金額を外国送金してほしいという依頼に、窓口担当者Lが対応しました。

顧客F　知人のGへの送金です。よろしくお願いします。

職員L　外国送金依頼書にご記入をお願いいたします。

職員Lが、外国送金依頼書の記載内容等をチェックしたところ、送金目的はG氏への支援金、送金人はF、受取人はG、受取人Gの住所・所在地は中華人民共和国内であり、受取人取引銀行は現地の銀行となっていました。

確認すると、長年にわたりほとんど使われていなかったF氏名義の口座から、直近1ヵ月の間に3回、Gに対して送金が行われており、今回はさらに多額な現金（入金と）送金であったため、Fに送金目的などの事情を確認することにしました。

職員L　今回の200万円の原資は、どのようなものでしょうか。また、送金目的はG様に対する支援金とのことですが、貸出金などではないのでしょうか。この1ヵ月の間にも複数回の送金がありますね。

顧客F　Gは職場の元同僚で、退職後、数年前に中国で起業したんだ。過去に大変お世話になったことがあるのだが、最近になって久しぶりに連絡があり、断り切れず貯金を解約して貸出金として支援することにしたんだ。

職員L　そうなのですね。F様は最近までこちらの口座を5年間以上、お使いでなかったようですので、本人確認書類の確認をさせていただきたいのですが。

提示を受けた免許証に記された本人特定事項は、口座開設時から変更はありませんでしたが、職員Lは、この送金に応じてよいのか、外為法上等の問題はないのかなど、上司に確認することとしました。

Point 10　外為取引等とマネロン等対策

●外国為替取引に係る銀行等の確認義務

　外国為替検査ガイドラインは、貿易に関する支払規制等も含む資産凍結等経済制裁対象の送金ではないことの確認（外為法上の許可を要するか否かの確認）を行うために必要な、仕向国、被仕向銀行、送金目的（輸入代金送金の場合は貨物の商品名、原産地および船積地域を含む）、送金人および受取人の氏名・名称、住所・所在地（国または地域）等の情報（以下「必要情報」）を把握する必要があるとしている。

●特定国（地域）への支払規制への対応

　北朝鮮に対する支払の原則禁止措置を踏まえ、北朝鮮近隣都市向けの送金については慎重な確認を要する可能性もあることから、北朝鮮隣接国向けの送金に係る受取人および被仕向銀行支店等の住所もしくは居所または所在地については都市名まで把握する必要がある。

　送金依頼書に記載する必要情報が、受取人氏名、受取国および送金目的に留まっており、受取人の住所もしくは居所または所在地を把握することなく仕向送金を実行してはならないことに留意が必要である。

　例えば、受取人の所在地が北朝鮮に隣接する中国の遼寧省・吉林省・黒竜江省のいずれかであった場合は、当該海外送金は対北朝鮮制裁に抵触するリスクが高く、送金資金が北朝鮮に移転する疑いがある場合には取引を謝絶しなければならない。

●送金取引における基本的な確認事項等

　金融庁は、金融機関等における実効的なマネロン等対策の実施を確保し、さらに促進する観点から、ガイドラインの項目のうち、送金取引に重点を置いて基本的な確認事項等を取りまとめ、2018年3月、各金融機関等に発出し、送金取引においては下記のような検証点等に沿って、確認・調査をすべきとしている。
- 送金申込支店で取引を行うことについて、合理的な理由があるか
- 顧客またはその実質的支配者は、マネロン・テロ資金供与リスクが高いとされる国・地域に拠点を置いていないか
- 短期間のうちに頻繁に行われる送金に当たらないか
- 顧客の年齢や職業・事業内容等に照らして、送金目的や送金金額に不合理な点がないか
- 口座開設時の取引目的と送金依頼時の送金目的に齟齬がないか
- これまで資金の動きがない口座に突如多額の入出金が行われる等、取引頻度および金額に不合理な点がないか

- 上記の検証点に該当する場合、その他自らが定める高リスク類型に該当する取引について、営業店等の職員が顧客に聞き取りを行い、信頼に足る証跡を求める等により、追加で顧客・取引に関する実態確認・調査をすることとしているか。また、当該確認・調査結果等を営業店等の長や本部の所管部門長等に報告し、個別に取引の承認を得ることとしているか

マネロン等対策における顧客管理について、その位置付けと重要性を理解しましょう。

職員O　マネロン等対策における「顧客管理」は、営業店とどのような関係がありますか？

支店長　顧客管理は、自らが特定・評価したリスクを前提に、取引時確認等における顧客情報や取引内容の確認・調査の結果とリスク評価の結果と照らし合わせ、必要な低減措置を判断・実施することであり、第1の防衛線である営業部門の役割は重要だ。

　　FATF第3次対日相互審査では、顧客管理において、①顧客管理情報の入手、確認等、②継続的な顧客管理、③リスクに応じた顧客管理などの不備の指摘を受け、その後、改正犯罪収益移転防止法の2016年10月1日の施行によってFATFのフォローアップを卒業した経緯がある。

　　営業店で行う取引時確認は、取引開始時における極めて重要、かつ金融機関等が遵守すべき最低限の顧客管理措置でもある。

職員O　第4次対日相互審査は大丈夫でしょうか。

支店長　うむ。相互審査に先立つ、ガイドラインの2019年4月の一部改正では、顧客管理に関連して、全ての顧客のリスク評価を行うことが「対応が求められる事項」として位置付けられ、より実効的な顧客管理措置が求められているところだ。

　　例えば、取引関係の開始時、継続時、終了時の顧客管理の流れの各段階において、個々の顧客やその行う取引のリスクの大きさに応じて調査し、講ずべき低減措置を的確に判断・実施することとされている。

職員O　リスクベース・アプローチですね。

支店長　そうだ。自らがマネロン等リスクが高いと判断した顧客についてはより厳格な顧客管理を行うことが求められる一方、リスクが低いと判断した場合には、簡素な顧客管理を行うなど、円滑な取引の実行に配慮することが求められている。リスクの高低の判断には、調査はもちろん、調査した情報を最新の内容に保つことも必要となる。

顧客管理
&
リスク評価

Point 11 顧客管理とリスク評価

●顧客管理

　顧客管理（CDD：Customer Due Diligence、カスタマー・デュー・ディリジェンス）は、日々行われている取引時確認などを通じて、特に個々の顧客に着目し、顧客の情報や取引内容等を調査し、その結果を自らのリスク評価の結果と照らし、採るべきリスク低減措置を判断し、これを実施する、という一連の流れをいい、ガイドラインにおいて、リスク低減措置の中核的な項目とされている。

●リスクに応じた顧客管理

　「厳格な顧客管理を行う必要性が特に高いと認められる取引（高リスク取引）」、「顧客管理を行う上で特別の注意を要する取引（疑わしい取引、同種の取引の態様と著しく異なる態様で行われる取引）」については、（EDD：Enhanced Due Diligence）を実施する。

　また、リスクが低いと判断した顧客については、当該顧客が行う取引のモニタリングに係る敷居値を緩和するなどの簡素な顧客管理（SDD：Simplified Due Diligence）を実施する。

●営業店における顧客管理上の「対応が求められる事項」

　上記 EDD、SDD のほか、ガイドラインに顧客管理上の営業店に関する「対応が求められる事項」として、以下のような事項が規定されている。
・リスクが高いと思われる顧客・取引と対応についての「顧客の受入れに関する方針」を参照する
・顧客等の本人確認事項、取引目的等の調査にあたっては、信頼に足る証跡を求めてこれを行う
・顧客等の氏名と関係当局による制裁リスト等との照合など、国内外の制裁に係る法規制等の遵守その他必要な措置
・全ての顧客についてのリスク評価に応じた低減措置を講じる
・継続的な顧客管理の実施
・継続的な顧客管理により確認した顧客情報等を踏まえ、顧客のリスク評価を見直す
・必要な情報提供が利用者から受けられないなど、適切な顧客管理を実施できない顧客・取引等については取引の謝絶等を含め、リスク遮断を図ることを検討

●顧客リスク評価の見直し

　金融庁「マネー・ローンダリング及びテロ資金供与対策の現状と課題（2019 年 9 月）」では、顧客のリスクが高まったと想定される具体的な事象が発生した場合、例えば、顧客に関する不芳情報（ネガティブ・ニュース）や、顧客のビジネスモデル、取引相手の国・地域の変化等のほか、特に疑わしい取引の届出を行った場合、顧客情報を確認した上で、顧客のリスク評価を見直すことを求めている。

　なお、疑わしい顧客や取引等の検知・監視・分析する態勢に当たり、マニュアルを活用した検知（マニュアル検知）においては、次のような点に留意が必要とされている。
・顧客と直接対面する第 1 線の役職員等による検証が重要
・当該検証のためのマニュアル・チェックリスト等を策定するほか、疑わしい取引に関連する情報を収集・集約すること、および疑わしい取引の参考事例等を活用した研修等を実施すること
・一見客についても疑わしい取引の届出の要否を判断すること

Scene 12 確認記録・取引記録

確認記録・取引記録について、その注意点と重要性を理解しましょう。

職員P 犯罪収益移転防止法で作成・保存が求められている確認記録や取引記録はどのような留意点がありますか？

支店長 確認記録は、取引時確認を行った場合に、直ちに作成し、当該特定取引が終了した日から7年間保存しなければならないもので、取引記録は、特定業務に係る取引を行った場合に、直ちに作成し、当該取引が行われた日から7年間保存しなければならないとされている。

職員P 確認記録に記録すべき事項には、どのようなものがありますか？

支店長 確認記録への記録事項は、本人特定事項、本人特定事項の確認のためにとった措置等、その他、確認記録の作成者の氏名その他当該者を特定するに足りる事項などが法定されている。

職員P 取引記録に記録すべき事項には、どのようなものがありますか？

支店長 取引記録への記録事項は、口座番号その他の顧客の確認記録を検索するための事項などが法定されている。

職員P 確認記録や取引記録の作成にあたっての注意事項などは、どのようなものがありますか？

支店長 本人確認書類として個人番号カードや国民年金手帳が用いられた場合、確認記録には、本人確認書類を特定するに足りる事項として、個人番号や基礎年金番号以外の事項を記載することとなる。

また、特定業務に係る取引であっても、残高照会など財産の移動を伴わない取引、1万円以下の財産の移転に係る取引は、取引記録等の作成・保存等の義務が除外されるが、除外される取引であっても、疑わしい取引に該当する場合には届出義務は除外されない。

確認記録、取引記録は、金融機関自らの顧客管理の状況や結果等を示すものであるほか、当局への必要なデータの提出や疑わしい取引の届出の要否の判断等にも必須の情報として、記録の保存等は、ガイドライン上も「対応が求められる事項」とされている。これら顧客管理の基礎となる顧客・取引の情報はしっかり確認することが重要だ。

正確な記録が顧客管理の基礎となる

Point 12　確認記録・取引記録

●確認記録・取引記録

　確認記録・取引記録は自らの顧客管理の状況や結果等を示すものであるほか、当局への必要なデータの提出や疑わしい取引の届出の要否の判断等にも、必須の情報である。

　確認記録は取引時確認を行った際に作成が求められ、取引記録は特定業務（金融業務全般）に係る取引を行った際に作成が求められる。

　取引記録の作成・保存等の義務が除外される取引（資金の移動を伴わない貸金庫の開閉等、1万円以下の資金の移動に係る取引、200万円以下の外国通貨の両替・旅行小切手の販売・買取など）であっても、疑わしい取引に該当する場合はその届出義務は除外されない。

●確認記録・取引記録の保存期間

　確認記録は、特定取引等に係る契約が終了した日および取引時確認済みの取引に係る取引終了日のうち後に到来する日から7年間保存しなければならない。

　取引記録は、当該取引の行われた日から7年間保存しなければならない。

●確認記録の記録事項

　確認記録の記録事項は、当該取引時確認の内容およびその記録に係る全般が対象とされており、本人確認書類の種類や、対面・非対面取引の別、本人確認書類の提示・送付を受けた日付・時刻（確認書類の写しを添付する場合は日付のみ）等がその対象である。

●取引記録の記録事項

　取引記録の記録事項は、①口座番号その他の顧客の確認記録を検索するための事項（確認記録がない場合には、氏名その他の顧客または取引等を特定するに足りる事項）、②取引の日付、種類、財産の価額、③財産の移転を伴う取引においては当該財産の移転元・移転先の名義その他の当該移転元または移転先等であり、取引記録と確認記録の間で相互に検索可能とするための事項である。

●記録が禁止される情報等

　本人確認書類として個人番号カード・国民年金手帳が用いられた場合、確認記録には、個人番号や基礎年金番号は記載できない。本人確認書類を特定する事項として、名称・発行者・交付年月日・有効期限等を記録する。

Scene 13 疑わしい取引の届出

　　当店の当座預金取引先J社振出の裏判線引小切手（小切手金額200万円）を持参したK（未取引先）が来店し、現金払いを請求され、これに窓口担当者Qが対応しました。

顧客K　この小切手の現金払いをお願いします。

職員Q　しばらくお待ちください。

　　Kが反社会的勢力に該当しないかどうかを確認したところ、同姓同名の反社会的勢力が存在することが判明しました。また、振出人J社によれば、当該小切手は取引先L社に交付したものであり、その後どのように流通したかは不明とのことでした。
　　職員Qは、上司と協議のうえ、Kに対して取引時確認が必要である旨等を伝えました。

顧客K　なに。裏判線引小切手なので、銀行は持参人に支払う義務があるのではないか。200万円を超えていないので、取引時確認は必要ないはずだ。

職員Q　線引小切手ですので、小切手法の規定により取引のないお客様には支払うことができません。この小切手の入手経緯をご説明いただくとともに、お客様の運転免許証などの本人確認書類をご提示していただけるのであればお支払いも可能です。

顧客K　……。（Kは、無言で当店を退散しました。）

　　犯罪収益移転危険度調査書では、手形や小切手は、手形交換制度や受払金融機関による決済等により、現金に代わる支払手段として有用であり、犯罪による収益の収受や隠匿に有効な手段となり得ることが指摘されています。
　　したがって、裏判線引小切手による未取引先との受払いで、疑わしい取引に該当するおそれがあると判断したときは、当該取引が取引時確認の対象とならない場合でも、当該顧客の特定に資する情報を申告するよう協力を求める必要があり、疑わしい取引の届出を検討する必要があります。なお、線引小切手を未取引先の持参人Kに支払うと、支払銀行は線引違反を問われ、損害を被った真の権利者から損害賠償請求を受けるおそれがあります。持参人Kが適法な権利者であることが確認できない場合は、原則として支払いは謝絶するべきでしょう。

Point 13 疑わしい取引の届出

●疑わしい取引の届出

　金融機関は、①特定業務において収受した財産が犯罪による収益である疑いがあるか、または②顧客等が特定業務に関し組織的犯罪処罰法 10 条の罪もしくは麻薬特例法 6 条の罪に当たる行為を行っている疑いがあるかどうかを判断し、疑いがあると認められる場合には、速やかに、疑わしい取引の届出を行政庁に行うこととされている。

　金融機関は、届出を行おうとすることまたは行ったことを顧客・関係者に漏らしてはならない。

●疑わしい取引の届出を要するか否かの判断

　疑わしい取引の届出を要するか否かの判断は、取引時確認の結果、当該取引の態様その他の事情および犯罪収益移転危険度調査書の内容を勘案し、かつ、犯収法施行規則 26 条で定める以下①〜③の項目に従い、当該取引に疑わしい点があるかどうかを確認するなど、犯収法施行規則 27 条で定める方法により行わなければならない。

① 　当該取引の態様と、通常行う他の顧客との取引との比較

② 　当該取引の態様と、例えば、当該顧客の過去の取引との比較

③ 　当該取引の態様と、例えば、取引時確認の結果やその後の本人特定事項のアップデートの結果等との整合性

【犯収法施行規則 27 条で定める方法】

ⅰ）新規顧客との取引（一見取引）の場合（高リスク取引を除く）は、上記①・③の項目に従って、疑わしい点があるかどうかを判断する。

ⅱ）既存顧客との取引の場合（高リスク取引を除く）は、過去の確認記録、取引記録、確認記録の内容を最新の内容に更新した情報等その他の該当取引に関する情報を精査した上で、上記①〜③に定める確認項目に従って判断する。

ⅲ）高リスク取引の場合は、上記ⅰ・ⅱに加えて、顧客等または代表者等に対する質問その他必要な調査を行ったうえで、統括管理者等に確認させる方法によって判断する。

●疑わしい取引の届出の時期

　犯罪収益移転防止法上、「速やかに」届出を行うものとしているが、ガイドラインでは、疑わしい取引に該当すると判断した場合、届出を「直ちに」行う態勢を構築することとされている。該当すると判断した後、届出に 1 ヵ月程度を要した場合は、直ちに行う態勢を構築しているとはいえないとされており、早期の届出が求められている。

Scene 14　疑わしい取引の参考事例

当店の窓口で、僚店に普通預金口座をもつＪ様という方が通帳と届出印を持参し100万円の払戻しを求められました。

顧客Ｊ　口座から、100万円の払戻しをお願いしたい。

職員Ｑ　かしこまりました。

（あれ？ この方の口座には最近頻繁に数万〜数十万円単位の振込みがあるようだ。隣駅の支店の口座だな…）

顧客Ｊの口座情報を調べたところ、なぜか当店の総合預金取引先Ｋの連絡先として、同一の携帯電話が登録されていることが判明し、統括管理者にあたるＲ課長に判断を仰ぎました。

職員Ｑ　Ｒ課長、払戻しを依頼された○○支店のＪ氏の口座の連絡先と、当店の総合預金取引先Ｋの連絡先として、同一の携帯電話が登録されています。これらの口座名義人は、親族関係や取引関係その他の関係は全くないと思われ、住所も異なっていますが、同一人物による借名口座等の疑いもあります。このような場合、疑わしい取引の届出をすべきでしょうか。

Ｒ課長　それは、金融庁の疑わしい取引の参考事例で「真の口座保有者を隠匿している可能性に着目した事例」として、2019年4月1日に新たに追加された参考事例の一つと同様のケースだ。

この事例が疑わしい取引に該当するかどうかは、この参考事例との比較を踏まえ、Ｊ氏が真の口座保有者であるのか等について説明を求め、当店のＫの口座との関係があるのか、取引目的と最近の取引内容との間に齟齬はないかなどについて、説明を求める必要がある。

職員ＱがＪに説明を求めたところ、電話番号の登録が古いため今は使用していないなどということでしたが、払戻しを取りやめて退店しました。

これらの情報を踏まえ、この取引が疑わしい取引に該当するかどうか、取引停止等の取引制限措置をとるのかなどについてＲ課長や支店長および本部の担当部署に報告し、疑わしい取引の届出、取引停止等の取引制限措置、あるいは取引を継続するのか等について判断を求め、統括管理者の承認を得たうえで対応することとしました。

Point 14 疑わしい取引の参考事例

●疑わしい取引の届出の参考事例

　特定事業者が日常の取引の過程で疑わしい取引を発見または抽出する際の参考とするため、犯罪収益移転防止法上の特定事業者ごとに、所管行政庁（金融機関については金融庁）が Web サイトで公表しています。

　これらの事例に形式的に合致するものが全て疑わしい取引に該当するものではない一方、これらの事例に該当しない取引であっても、特定事業者が疑わしい取引に該当すると判断したものは、届出の対象となることに注意を要するとされています。

CHECK!

　2019 年 4 月の「疑わしい取引の参考事例」の改訂で新たに追加された事例のうち、営業店において留意すべきと考えられるものは次の通り。

第2　真の口座保有者を隠匿している可能性に着目した事例

⑽　同一の携帯電話番号が複数の口座・顧客の連絡先として登録されている場合。

第3　口座の利用形態に着目した事例

⑽　異なる名義の複数の口座からの入出金が、同一の時間帯又は同一の現金自動支払機を用いて頻繁に行われるなどの第三者による口座の管理等が疑われる取引。

⑾　口座開設時に確認した事業規模等と照らし、給与振込額等が不自然な取引。

第6　外国との取引に着目した事例

⑽　輸出先の国の技術水準に適合しない製品の輸出が疑われる取引。

⑾　貿易書類や取引電文上の氏名、法人名、住所、最終目的地等情報が矛盾した取引。

⑿　小規模な会社が、事業内容等に照らし、不自然な技術的専門性の高い製品等を輸出する取引。

⒀　貿易書類上の商品名等の記載内容が具体的でない取引。

⒁　人身取引リスクの高い国・地域に対し、親族と思われる者へ繰り返し少額の送金を行っている取引。

第8　その他の事例

⑿　資金の源泉や最終的な使途について合理的な理由があると認められない非営利団体との取引。

⒀　口座開設時に確認した非営利団体の活動内容等と合理的な関係が認められない国・地域又は第三者への送金取引。

⒁　送金先、送金目的等について合理的な理由があると認めらない外国 PEP との取引。

⒂　財産や取引の原資について合理的な理由があると認められない外国 PEP との取引。

⒃　腐敗度が高いとされている国・地域の外国 PEP との取引。

⒄　国連腐敗防止条約や OECD 外国公務員贈賄防止条約等の腐敗防止に係る国際条約に署名・批准していない国・地域又は腐敗防止に係る国際条約に基づく活動に非協力的な国・地域に拠点を置く外国 PEP との取引。

⒅　技能実習生等外国人の取引を含め、代理人が本人の同意を得ずに給与受取目的の口座開設取引を行っている疑いが認められる場合。

PART 2

〈問題編〉

次の(1)～(15)の記述について、適切なものには○を、適切でないものには×を解答欄に記入してください。

(1) マネー・ローンダリングとは、犯罪によって得た収益を、その出所や真の所有者がわからないようにして、捜査機関による発見・犯罪の検挙を逃れようとする行為をいう。

(2) マネー・ローンダリング対策に関しては、自金融機関のみ、あるいは一国が強固な対策をとることで、マネー・ローンダリング事犯の有効な対策とすることができる。

(3) マネー・ローンダリングの行為は、組織的犯罪処罰法および麻薬特例法において犯罪として規定されている。

(4) 金融庁の「マネー・ローンダリング及びテロ資金供与対策に関するガイドライン」(以下、「ガイドライン」) は、犯罪収益移転防止法上の特定事業者すべてを対象としている。

(5) マネロン等対策におけるリスクベース・アプローチとは、個別の顧客や取引等のリスクの大小にかかわらず、一定レベルを保持した対応を実施する考え方である。

(6) 犯罪収益移転防止法による取引時確認は、顧客の本人特定事項等を確認し、記録することで、後に捜査当局等による追跡可能性を高めるという意義がある。

(7) 通常の特定取引における個人顧客の取引時確認事項は、「氏名・住居・生年月日」「取引を行う目的」「職業」である。

(8) 法人は、設立にかかる登記事項証明書などの証明書があることや、組織的な事業活動により社会的信用が一般的に高いことから、個人に比してマネー・ローンダリング等のリスクは小さいといえる。

(9) 個人顧客との非対面取引においては、顔写真のない本人確認書類によって本人特定事項の確認を行うことはできない。

(10) 相手方が、取引の基となる継続的な契約の締結に際して行われた取引時確認に係る顧客等になりすましている疑いがある場合の取引は、犯罪収益移転防止法上の高リスク取引に

当たる。

⑾　外為法は、経済制裁措置等の実効性を図るために、本人確認義務、適法性の確認義務の
ほか、疑わしい取引の届出義務を定めている。

⑿　ガイドラインにおいて「顧客管理」は、リスク低減措置の中核的な項目であるとされて
いる。

⒀　犯罪収益移転防止法上、取引時確認を行った場合には、直ちに確認記録を作成し、特定
取引等に係る契約が終了した日から 10 年間保存しなければならない。

⒁　疑わしい取引の届出制度は、FATF 勧告に基づいて、各国に導入が求められている制度
である。

⒂　金融庁の「疑わしい取引の参考事例」に形式的に合致しない場合でも、金融機関の判断
により、疑わしい取引に該当する届出と判断した場合は、届出を行うことが必要である。

解答欄

(1)	(2)	(3)	(4)	(5)
(6)	(7)	(8)	(9)	(10)
(11)	(12)	(13)	(14)	(15)

（解答・解説は 62 ページ）

次の(1)～(15)の記述について、適切なものには○を、適切でないものには×を解答欄に記入してください。

(1)　犯罪収益を預金口座に入金する行為は、マネー・ローンダリングの3つの段階、プレイスメント、レイヤリング、インテグレーションのうち、インテグレーションに該当する。

(2)　犯罪収益移転防止法は、マネー・ローンダリングの防止やテロリズムに対する資金供与の防止を目的として制定されている。

(3)　外為法は、対外取引の正常な発展とわが国および国際社会の平和および安全の維持、ならびにわが国経済の健全な発展に寄与することを目的としており、マネー・ローンダリング対策に係る内容は規定されていない。

(4)　ガイドラインは、海外送金等の業務を行う金融機関等に対し、国内のマネロン・テロ資金供与の動向のみならず、外国当局による監督も含め国際的なマネロン・テロ資金供与対策の動向を十分に踏まえた対応を求めている。

(5)　マネロン等対策におけるリスクベース・アプローチにおいては、全体的なリスクを低減するためにリスクが高い取引については厳格な措置を、リスクが低い取引については簡素な措置を実施することにより、金融機関の人員・コスト等を効率的に配分する。

(6)　取引時確認の際は、犯罪収益移転防止法等に基づき本人確認書類等の確認を行い、顧客のマネロン等リスクが高いと判断される場合でも、追加で本人確認書類の提出を求めることや、追加的な質問等を行うことはできない。

(7)　夫名義の預金口座開設について、妻から申込みを受けた場合には、夫婦であることを妻の申告により確認し、夫および妻の本人特定事項の確認を行う。

(8)　通常の特定取引における法人顧客の取引時確認では、「名称・本店または主たる事務所の所在地」、「事業の内容」、「取引を行う目的」、「法人の実質的支配者の本人特定事項」、「特定取引の任に当たっている自然人の本人特定事項および取引権限」の確認を行う。

(9)　インターネットやメールオーダーサービスによる口座開設は、対面取引の場合に比して

マネー・ローンダリング等に利用されるリスクが高いといえる。

(10) 相手方が、取引の基となる継続的な契約の締結に際して行われた取引時確認の際に取引時確認に係る事項を偽っていた疑いがある場合の取引は、犯罪収益移転防止法上の高リスク取引に当たる。

(11) 外為法は、日本国内に主たる事務所を置く法人の役職員が、国外においてその法人の財産または業務について行った行為については適用されないとされている。

(12) マネー・ローンダリング等のリスクが高いと思われる顧客に対して取引を謝絶する場合、合理的な理由を相手方に示した上で謝絶しなければならない。

(13) 犯罪収益移転防止法上、取引記録と確認記録を作成・保存義務がある取引の対象範囲は異なっている。

(14) 犯罪収益移転防止法上、疑わしい取引の届出は、特定取引において収受した財産が犯罪による収益である疑い、または顧客等が特定取引に関し組織的犯罪処罰法 10 条の罪もしくは麻薬特例法 6 条の罪に当たる行為を行っている疑いがあると認められる場合に行うとされている。

(15) 金融庁の「疑わしい取引の参考事例」に形式的に合致する取引は、すべて疑わしい取引の届出を行わなければならない。

解答欄				
(1)	(2)	(3)	(4)	(5)
(6)	(7)	(8)	(9)	(10)
(11)	(12)	(13)	(14)	(15)

（解答・解説は 64 ページ）

次の(1)〜(15)の記述について、適切なものには○を、適切でないものには×を解答欄に記入してください。

(1) FATF（Financial Action Task Force：金融活動作業部会）とは、マネー・ローンダリング対策に関する政府間会合であり、参加国が遵守すべき国際基準（勧告）を定めるとともに、各国の遵守状況の審査等を行っている。

(2) 犯罪収益移転防止法の対象となる「特定事業者」には、金融機関等、ファイナンスリース事業者、クレジットカード事業者、宅地建物取引業者、宝石・貴金属等取扱事業者、郵便物受取サービス業者、電話受付代行業者、司法書士等の士業者が含まれ、暗号資産（仮想通貨）交換業者は対象外とされている。

(3) 金融機関は、マネー・ローンダリングのリスク管理態勢に問題がある場合、必要に応じ、銀行法に基づき金融庁への報告を求められることがある。

(4) ガイドラインは、2019年4月の改訂により、顧客管理およびデータ管理に関する事項については「対応が求められる事項」の内容が強化されている。

(5) リスクベース・アプローチによるマネロン・テロ資金供与リスク管理態勢の構築・維持は、金融機関にとってのベスト・プラクティス（好事例）であると位置付けられている。

(6) 金融機関の取引時確認の対象となる取引は、犯罪収益移転防止法上の特定業務のうち、一定の特定取引等とされている。

(7) 「なりすましの疑いがある取引」および「取引時確認事項を偽っている疑いのある取引」の取引時確認においては、当初の取引時確認が行われた際に確認した書類とは別の本人確認書類で確認を行う。

(8) 法人の本人特定事項の確認は、法人の定款により確認することができる。

(9) 犯罪収益移転防止法上、非対面取引で、個人顧客から現在の住居の記載のある本人確認書類の写しの送付を受け、転送不要郵便物等を顧客宛てに送付する場合、送付を受ける本人確認書類の写しは写真付きのものが2種類必要となる。

(10)　イラン・北朝鮮を国籍とする顧客等との特定取引は、犯罪収益移転防止法上の高リスク取引に当たる。

(11)　外為法上、金融機関が個人との間で特定為替取引を行う場合には、氏名、住所または居所のほか生年月日を確認しなければならないとされている。

(12)　マネロン・テロ資金供与リスクが高いと判断した顧客については、例えば、資産・収入の状況、取引の目的、職業・地位、資金源等について追加的な情報を入手すれば、取引を実施してよい。

(13)　確認記録には、特定取引を行った顧客等の情報を記録するが、取引時確認を行った担当者を記録する法的義務はない。

(14)　疑わしい取引の届出に関する情報は、特定事業者の所管省庁から主務大臣を通じて、わが国の資金情報機関である金融庁総務企画局総務課特定金融情報室に集約された後、整理・分析が行われ、捜査機関等に提供等されている。

(15)　100万円以上の多額の現金または小切手により、入出金を行う取引は、疑わしい取引の参考事例に記載されている。

解答欄				
(1)	(2)	(3)	(4)	(5)
(6)	(7)	(8)	(9)	(10)
(11)	(12)	(13)	(14)	(15)

（解答・解説は66ページ）

次の(1)～(15)の記述について、適切なものには○を、適切でないものには×を解答欄に記入してください。

(1) マネー・ローンダリングとは、一定の犯罪（前提犯罪）から得られた収益の隠匿・収受等を行う行為であり、その前提犯罪は、組織犯罪、薬物犯罪、およびテロ資金供与に係る犯罪に限定されている。

(2) 犯罪収益移転防止法は、預金口座の不正譲渡を禁じているが、無償でこれが行われた場合は対象外である。

(3) 2020年4月現在、日本は、マネロン・テロ資金供与対策に関してFATFが要請する「国際的な組織犯罪の防止に関する国際連合条約」を締結していない。

(4) ガイドラインは、「対応が求められる事項」と「対応が期待される事項」を明確にし、金融機関に対し対応を求めている。

(5) マネロン等対策におけるリスクベース・アプローチを実効的に行うためのプロセスとして、①リスクの特定、②リスクの評価、③リスク低減の大きく3段階に分けられる。

(6) 犯罪収益移転防止法は、金融機関などの特定事業者に取引時確認を義務付けており、特定事業者には、宅地建物取引業者、宝石・貴金属等取扱事業者のほか、弁護士・社会保険労務士などの士業も含まれる。

(7) 高リスク取引においては、必ず「資産及び収入の状況」を確認しなければならない。

(8) 通常の特定取引における法人の実質的支配者の確認は、取引の任に当たっている個人から申告を受ける方法による。

(9) 犯罪収益移転防止法上、特定事業者が提供するソフトウェアを使用して、個人顧客の写真付き本人確認書類の画像のみの送信を受ければ、オンラインで本人特定事項の確認を完了させることができる。

(10) 犯罪収益移転防止法上、「疑わしい取引」または「同種の取引の態様と著しく異なる態

様で行われる取引」であっても、当該顧客について、取引時確認済みであることが確認できる場合には、取引時確認を要しない。

(11)　金融機関は、顧客による本邦から外国に向けた支払に係る為替取引を行う際は、取引の額にかかわらず、外為法等に基づく本人確認を行う必要があるとされている。

(12)　顧客との取引のリスクの評価にあたっては、公平の観点から、高リスク取引に当たるか否かなど、犯罪収益移転防止法上の一律の基準によることが求められている。

(13)　犯罪収益移転防止法上、特定業務に係る取引を行った場合には、直ちに取引記録を作成し、当該取引の行われた日から 7 年間保存しなければならない。

(14)　疑わしい取引の届出に係る「犯罪による収益」とは、組織的犯罪処罰法における「犯罪収益等」または麻薬特例法における「薬物犯罪収益等」をいう。

(15)　疑わしい取引の届出に係る「組織的犯罪処罰法 10 条の罪もしくは麻薬特例法 6 条の罪」とは、「テロ等準備罪」または「麻薬等売買」に係る犯罪をいう。

解答欄

(1)	(2)	(3)	(4)	(5)
(6)	**(7)**	**(8)**	**(9)**	**(10)**
(11)	**(12)**	**(13)**	**(14)**	**(15)**

（解答・解説は 68 ページ）

　次の(1)～(15)の記述について、適切なものには○を、適切でないものには×を解答欄に記入してください。

(1) マネー・ローンダリングを見逃すことで、犯罪組織が犯罪収益を合法的な経済活動に投入し、その支配力を及ぼすことでさらに勢力、権力を拡大するおそれや、経済活動の健全な発展を妨げるおそれがある。

(2) 外為法における適法性の確認義務は、顧客の支払等が、資産凍結等経済制裁措置の規制対象に該当していないかを確認する義務である。

(3) 金融機関は、マネー・ローンダリング等のリスク管理態勢に重大な問題がある場合でも、銀行法上の業務改善命令を命じられることはない。

(4) ガイドラインは、リスクの特定をリスクベース・アプローチの出発点と位置づけ、その検証にあたっては、社内の情報を一元的に集約し、全社的な視点で分析を行うことが必要となることから、主管部門に対応を一任することが必要としている。

(5) マネロン等対策におけるリスクベース・アプローチを適切に実践するためには、国および金融庁が特定した各種リスクを参照して、自らの商品・サービス等に該当するかを検証し、リスクの特定・評価を行えばよい。

(6) 取引時確認は、個人顧客本人が取引を行う場合は顧客の本人特定事項の確認を行い、法人取引または代理人取引の場合には、顧客の本人特定事項の確認に加え、取引の任に当たっている自然人の本人特定事項の確認を行わなければならない。

(7) 過去に取引時確認を行った顧客との間で通常の特定取引を行うときは、過去の取引時確認について確認記録を保存している場合でも、再度の取引時確認を行う必要がある。

(8) 法人の「取引を行う目的」および「事業の内容」は取引の任に当たる代表者等の申告により確認することができる。

(9) 非対面により行われる口座開設取引においては、本人確認書類の偽造や改ざんのほか、顧客のなりすまし、反社会的勢力への該当等について適切にチェックしなければならない。

(10) 犯罪収益移転防止法上の高リスク取引では、本人特定事項の確認に際して2種類以上の本人確認書類または補完書類が必要となる。

(11) 複数人で来店し、1人当たりの取引時確認の対象となる金額（法定・自社ルール）をわずかに下回るように分散して外貨両替を行う場合は、疑わしい取引に該当し得る。

(12) リスクベース・アプローチにより、金融機関は、顧客や取引のリスクの高さに応じた対応を行うことが求められるが、いずれの対応も犯罪収益移転防止法に規定される範囲内で行われるものである。

(13) 取引記録の作成は、残高照会など財産の移転を伴わない取引についても行う必要があるとされている。

(14) 取引時確認義務の対象とならない取引であっても、疑わしい取引の届出の対象となり得る。

(15) 短期間のうちに頻繁に行われる取引で、現金または小切手による入出金の総額が、敷居値を上回って多額に上る場合は、疑わしい取引の参考事例に記載されている。

解答欄				
(1)	(2)	(3)	(4)	(5)
(6)	(7)	(8)	(9)	(10)
(11)	(12)	(13)	(14)	(15)

（解答・解説は70ページ）

ドリル 第6回

　次の(1)～(15)の記述について、適切なものには○を、適切でないものには×を解答欄に記入
してください。

(1)　日本は、2008年のFATFの第3次対日相互審査において、不備事項の指摘を受け、
FATFのフォローアップを受けることになった。

(2)　国際テロリスト財産凍結法は、指定・公告された国際テロリストが、金銭の借入等の規
制対象行為を行う場合に、都道府県公安委員会の許可を必要とすることとして規制してお
り、国際テロリストの国内取引を規制している。

(3)　ガイドラインにおける「第1の防衛線（第1線）」とは、営業部門を指し、第1線が実
効的に機能するためには、そこに属する職員を統括する責任者が、マネロン・テロ資金供
与リスクを正しく理解していればよいとされている。

(4)　ガイドラインは、リスクの評価については、特定されたマネロン・テロ資金供与リスク
の自らへの影響度等を評価し、低減措置等の具体的な対応を基礎付け、リスクベース・ア
プローチの土台となるものであり、自らの事業環境・経営戦略の特徴を反映したものであ
ることが必要としている。

(5)　マネロン等対策のリスクベース・アプローチにおけるマネロン・テロ資金供与リスクの
特定においては、自金融機関のリスク評価の結果は機密事項であることから、文書にとり
まとめることは求められていない。

(6)　金融機関が取引時確認の義務がある特定取引等のうち、「高リスク取引」に当たる取引
に際しては、「厳格な取引時確認」を実施する必要がある。

(7)　90日以内の短期間、日本に滞在している外国人との間で200万円超の外貨両替取引を
行う場合、旅券または上陸の許可証により在留期間が90日以内であることを確認したう
えで旅券等の番号を確認することで、住居の確認に代えることができる。

(8)　株式会社の議決権の25％超を直接的または間接的に保有する代表取締役がいた場合、
その者は、会社の実質的支配者に該当すると判断できる。

(9) 犯罪収益移転防止法上、個人顧客との非対面取引においては、配達事業者が本人確認書類の提示を受ける本人限定受取郵便により、顧客に対して取引関係文書を送付する方法で取引時確認を行うことが認められている。

(10) イラン・北朝鮮に居住または所在する顧客との間で行う取引は、特定取引以外の取引を行う場合であっても、犯罪収益移転防止法上の高リスク取引に当たる。

(11) 2018年9月に公表された外国為替検査ガイドラインにおいては、リスクベース・アプローチの考え方が取り入れられている。

(12) マネロン・テロ資金供与リスクが低いと判断した顧客については、当該顧客が行う取引のモニタリングに係る敷居値を、法令上の敷居値を超えて緩和するなどの簡素な顧客管理を行うことも許容される。

(13) 本人確認書類・補完書類の提示を受けた場合、提示を受けた日付および時刻の確認記録への記録を要するが、本人確認書類・補完書類の写しを確認記録に添付・保存する場合は、日付のみの記録でよい。

(14) 疑わしい取引の届出を行う場合には、取引の関係上、当該取引の顧客等またはその関係者に通知したうえで、届出を行うこともある。

(15) 口座名義人である法人の実体の有無に関する疑いが生じた口座を使用した入出金は、疑わしい取引の参考事例に記載されている。

解答欄				
(1)	(2)	(3)	(4)	(5)
(6)	(7)	(8)	(9)	(10)
(11)	(12)	(13)	(14)	(15)

（解答・解説は72ページ）

　次の(1)～(15)の記述について、適切なものには○を、適切でないものには×を解答欄に記入してください。

(1)　FATF 勧告の遵守やマネー・ローンダリング対策に不備がある金融機関は、FATF に対して制裁金を支払わなければならない。

(2)　犯罪収益移転防止法の平成 26 年改正における、疑わしい取引の届出に関する判断の方法に関する規定の整備、コルレス契約締結時の確認の義務付け、使用人に対する教育訓練の実施ほか顧客管理措置に関する内部規定の策定や継続的顧客管理措置等の内容は、FATF の第 3 次対日相互審査における指摘によるものである。

(3)　ガイドラインの規定は、犯罪収益移転防止法等およびマネロン・テロ資金供与リスク管理態勢のガイダンス的位置付けであり、「対応が求められる事項」についての措置が不十分である場合にも、業務改善命令等の行政対応が行われることはない。

(4)　ガイドラインは、マネロン・テロ資金供与リスク管理態勢の構築において、組織内の各部門等が担う役割等を明確にして、組織的に対応を進めるために、「三つの防衛線（three lines of defense）」の概念の下で整理することを挙げている。

(5)　リスクベース・アプローチにおけるマネロン・テロ資金供与リスクの特定においては、自金融機関の取引がマネー・ローンダリング等に利用されるリスクがどこにあるのかを検討しなければならない。

(6)　金融機関が取引時確認を行う「対象取引」には、預貯金や定期積金取引の開始、10 万円超の現金振込取引、200 万円超の大口現金取引等があるが、融資取引については対象外である。

(7)　取引時確認において、有効期限のない公的証明書の提示等を受ける場合、金融機関が提示等を受ける日の前 3 ヵ月以内に作成されたものに限られている。

(8)　法人との特定取引において、取引担当者に取引権限があることの確認に際しては、法人顧客が作成した委任状によることができる。

(9)　犯罪収益移転防止法上、非対面取引において、個人顧客から本人確認書類の原本の送付を受け、転送不要郵便物等を当該顧客宛てに送付する確認方法に用いられる本人確認書類としては、住民票の写し1点では足りない。

(10)　犯罪収益移転防止法上の高リスク取引で、200万円超の財産の移転を伴う場合には、「資産及び収入の状況」の確認が必要となる。

(11)　送金取引に係る顧客またはその実質的支配者については、マネロン・テロ資金供与リスクが高いとされる国・地域に拠点を置いていないか等につき、営業店で事後的に検証し、確認・調査することが求められている。

(12)　第1線の窓口担当者は、マネロン等リスクに最初に直面し、リスク低減措置を講じなければならないため、すべての職員が、マネロン・テロ資金供与リスクを正しく理解しなければならない。

(13)　財産の移転に係る取引については、すべて取引記録を作成しなければならないとされている。

(14)　一見客については、疑わしい取引の届出の要否を検討することを要しない。

(15)　多数の口座を保有していることが判明した顧客の口座を使用した入出金は、疑わしい取引の参考事例に記載されているが、屋号付名義により多数の口座を保有している個人事業主はこれに含まれない。

解答欄				
(1)	(2)	(3)	(4)	(5)
(6)	(7)	(8)	(9)	(10)
(11)	(12)	(13)	(14)	(15)

（解答・解説は74ページ）

ドリル　第8回

次の(1)～(15)の記述について、適切なものには○を、適切でないものには×を解答欄に記入してください。

(1) テロ資金供与については、マネー・ローンダリングが敢行されるよりも頻度が少ないと考えられ、送金業務等におけるテロ資金供与に対する注意義務等はマネー・ローンダリングに比して低いとされている。

(2) テロ資金提供処罰法は、「公衆等脅迫目的の犯罪行為」を実行しようとする者が、資金の提供をさせること、およびそれらの者に対して提供することを禁じているが、物や役務の提供については規制されていない。

(3) ガイドラインは、マネロン等リスク管理態勢の構築にあたっては、関連部門等に対応を委ねるのではなく、経営陣が主体的かつ積極的にマネロン・テロ資金供与対策に関与することが不可欠としている。

(4) ガイドラインは、金融機関が、マネロン・テロ資金供与リスクが高いと判断した顧客については、より厳格な顧客管理を行うこととする一方、リスクが低いと判断した場合には、簡素な顧客管理を行うなどの措置を求めている。

(5) 2019年3月に全国銀行協会が公表した「普通預金規定ひな型」の改訂は、顧客にマネー・ローンダリング等のリスクがあると判断される場合に、リスクベース・アプローチに基づき、リスクに応じた取引の一部制限等の対応を可能とするためのものである。

(6) 金融機関の取引時確認の対象となる取引のうち、「顧客管理を行う上で特別の注意を要する取引に該当する取引」とは、①疑わしい取引、および、②同種の取引の態様と著しく異なる態様で行われる取引の類型に分けることができる。

(7) 外国人留学生などを相手方として口座開設を行う場合、口座売買は犯罪に当たることの周知をはかり、帰国時には口座解約を促すことが求められる。

(8) 議決権保有割合による実質的支配者の判断において、法人Aの株式（議決権）を10％保有する個人株主Bについて、法人Cが法人Aの株式（議決権）を25％保有しており、Bが、法人Cの株式（議決権）を50％超保有している場合、個人株主Bは法人Aの実質的支配

者に当たることはない。

(9)　犯罪収益移転防止法上、個人顧客との非対面取引において、特定事業者が提供するソフトウェアを使用して撮影させた顧客の容貌および写真付き本人確認書類の画像（厚み・特徴等の確認ができるもの）の送信を受ける方法によれば、転送不要郵便物等の送付をすることなく取引時確認を完了させることができる。

(10)　外国の政府高官など外国PEPsとの間の取引は、特定取引に該当しないものであれば、犯罪収益移転防止法上の高リスク取引に当たらない。

(11)　輸入代金の外国送金において、送金目的に関して貨物の商品名、原産地および船積地域を確認する必要があるのは、送金先が支払規制の対象国である北朝鮮およびその隣国である場合とされている。

(12)　継続的な顧客管理としては、いったん評価した顧客のリスクの見直しを行うことは適切ではない。

(13)　自金融機関のATMを通じて行われる顧客の他金融機関の預貯金口座からの振込送金については、取引記録の作成を要しない。

(14)　疑わしい取引の届出は、顧客との取引が成立しなかった場合や取引を謝絶した場合でも届出の対象となる。

(15)　短期間で多額・頻繁な入出金が行われた後、すぐに解約された口座に係る取引は、口座が存在しないことから、疑わしい取引への該当を検討する必要はない。

解答欄				
(1)	(2)	(3)	(4)	(5)
(6)	(7)	(8)	(9)	(10)
(11)	(12)	(13)	(14)	(15)

（解答・解説は76ページ）

　次の(1)～(15)の記述について、適切なものには○を、適切でないものには×を解答欄に記入
してください。

(1)　金融機関の窓口は、顧客との取引接点であり、第一義的にマネー・ローンダリング・テロ資金供与についてのリスクを検知し、防止する役割を担っている。

(2)　犯罪収益移転防止法は、金融機関による義務の履行を確保するため、警察庁による報告徴収、立入検査、指導・助言・勧告の権限を定めている。

(3)　ガイドラインは、業界団体や中央機関等が、当局とも連携しながら、金融機関等にとって参考とすべき情報や対応事例の共有、態勢構築に関する支援等を行うなど、傘下金融機関等による対応の向上に中心的・指導的な役割を果たすことが重要としている。

(4)　マネロン等対策のリスクベース・アプローチにおけるマネロン・テロ資金供与リスクの低減措置の実施においては、個々の顧客に着目する方法が有効とされており、個々の取引に着目する方法は用いられない。

(5)　マネロン等対策のリスクベース・アプローチにおけるマネロン・テロ資金供与リスクの評価については、その結果を文書化し、リスク評価を定期的に見直すこと等が求められるが、これらは主管部門によるもので、経営陣の関与までは求められていない。

(6)　税金納付や電気・ガス・水道の公共料金、入学金、授業料の支払等については、「簡素な顧客管理を行うことが許容される取引」として、取引時確認の義務が課せられていない。

(7)　外国人の口座開設においては、在留期間を在留カード等によって確認することが必要である。

(8)　医療法人の理事の1人が、出資等を通じてその医療法人を代表していると認められ、他に収益・財産の25％超の配当・分配を受ける自然人がいないときは、その理事が医療法人の実質的支配者に該当する。

(9)　犯罪収益移転防止法上、個人顧客との非対面取引において、顧客から本人確認書類のコピーの送付を受けるとともに、他の金融機関またはクレジット会社に、当該顧客の本人特

定事項を確認済みであることを確認することによる本人特定事項の確認方法は認められている。

(10)　犯罪収益移転防止法上、高リスク取引における個人顧客の取引目的、職業の確認は、顧客の申告による方法で足りるとされている。

(11)　外国為替検査ガイドラインでは、200万円以下相当額の外貨両替は取引時確認の対象でない取引であり、顧客の氏名等、当該顧客の特定に資する情報を収集することを要しないとされている。

(12)　「顧客管理」について、FATF第3次対日相互審査で日本は「40の勧告」のうち「顧客管理」に当たる審査項目について、4段階（履行・大部分履行・部分的履行・不履行）のうち、「不履行」と評価された。

(13)　取引時確認において、確認記録へ提示を受けた個人番号カードを特定するに足りる事項を記録する場合に限り、個人番号を記録してもよいとされている。

(14)　疑わしい取引の届出の要否の判断は、取引時確認の結果や当該取引の態様その他の事情、金融庁のガイドラインの内容を勘案し、かつ施行規則所定の項目に従い、疑わしい点があるかどうかを確認する等の方法により行わなければならないとされている。

(15)　預入れ額が多額である一方で、理由もなく利回りの高い商品を拒む場合であっても、疑わしい取引に該当することはない。

解答欄				
(1)	(2)	(3)	(4)	(5)
(6)	(7)	(8)	(9)	(10)
(11)	(12)	(13)	(14)	(15)

（解答・解説は78ページ）

ドリル 第10回

　次の(1)～(15)の記述について、適切なものには○を、適切でないものには×を解答欄に記入
してください。

(1)　FATF に関しては、直接のメンバー国・地域のほか、例えば日本がメンバーであるアジア・
　　太平洋マネー・ローンダリング対策グループ（APG）のような「FATF 型地域体」が世界
　　各地に設置されており、それぞれでマネロン等対策において異なる地域基準が存在してい
　　る。

(2)　国際テロリスト財産凍結法は、許可がある場合を除き、指定・公告された国際テロリス
　　トに対する金銭の贈与や貸付を行ってはならないとされているが、本人による預貯金の払
　　戻しについては規制の対象外である。

(3)　ガイドラインにおける「第2の防衛線（第2線）」とは、コンプライアンス部門やリス
　　ク管理部門等の管理部門を指し、第2線は、第1線の自律的なリスク管理に対して、独立
　　した立場から牽制を行うと同時に、第1線を支援する役割を担うとされている。

(4)　金融機関が新たな商品・サービスを取り扱う場合や、新たな技術を活用して行う取引を
　　行う場合には、その商品・サービスの提供前に分析を行い、マネロン・テロ資金供与リス
　　クを検証する必要がある。

(5)　顧客のリスクが高まったと想定される事象が発生した場合には、顧客情報の確認を行っ
　　た上で、顧客のリスク評価を見直すことが求められるが、単に疑わしい取引の届出を行っ
　　たことのみでは、この事象に該当しない。

(6)　金融機関が取引時確認を行った場合には、直ちに確認記録を作成し、取引の行われた日
　　から7年間保存しなければならない。

(7)　過去に取引時確認を行った顧客との間で高リスク取引を行う場合、過去の取引時確認に
　　ついて記録（確認記録）を保存している場合には、再度、通常の取引時確認を行う必要がある。

(8)　法人との特定取引において、取引担当者に取引権限があることの確認に際しては、法人
　　が発行した社員証によることができる。

(9)　上場企業が顧客の場合の取引時確認は、顧客の本人特定事項、取引を行う目的、事業内容、実質的支配者の確認は不要であるが、当該取引の任に当たる自然人（取引担当者）の本人特定事項の確認が必要である。

(10)　犯罪収益移転防止法上、高リスク取引における法人の実質的支配者の確認においては、本人特定事項の申告を受けるほか、書類等による確認が必要である。

(11)　資産凍結等経済制裁対象の送金ではないことの確認のために必要な情報として、仕向国、被仕向銀行、送金目的（輸入代金送金の場合は貨物の商品名、原産地および船積地域を含む）、送金人および受取人の氏名・名称、住所・所在地（国または地域）が、外国為替検査ガイドラインに例示されている。

(12)　顧客のマネロン等リスク評価においては、取引態様などの顧客属性を踏まえることとされており、信用リスクが低い顧客であれば、これに比例してマネロン等リスクが低いと判断できる。

(13)　取引時確認により確認記録に記録した事項は、その後に変更があった場合でも、消去してはならない。

(14)　ガイドライン上、疑わしい取引に該当すると判断した場合には、必ず、速やかに1ヵ月以内に疑わしい取引の届出を行わなければならないとされている。

(15)　貸金庫の利用に関しては、疑わしい取引の参考事例に記載されていない。

解答欄				
(1)	(2)	(3)	(4)	(5)
(6)	(7)	(8)	(9)	(10)
(11)	(12)	(13)	(14)	(15)

（解答・解説は80ページ）

次の(1)〜(15)の記述について、適切なものには○を、適切でないものには×を解答欄に記入してください。

(1) 2019年に行われた第4次FATF対日相互審査の結果、わが国が非監視対象国とされた場合でも、さらなるFATFの審査や、報告義務への対応は必要となる。

(2) FATFによる勧告等を背景に行われた犯罪収益移転防止法の2016年改正においては、リスクベース・アプローチの考え方が反映されている。

(3) 顧客についてすでに取引時確認済であることを確認する方法として、顧客から預金通帳の提示を受ける方法は認められていない。

(4) 法定代理人の同意がある未成年者との間で直接、口座開設取引を行う場合には、その未成年者を相手方として取引時確認を行えばよい。

(5) 取引時確認において、個人番号カードが本人確認書類として提示された場合、金融機関は、個人番号カードの表面裏面のいずれも写しをとることはできない。

(6) 学校教育法1条に規定される（小学校、中学校、高等学校、大学、大学院等）に対する10万円を超える入学金・授業料の現金振込を行う場合、取引時確認を要しない。

(7) 上場会社の取引担当者を相手方として通常の特定取引を行う場合、その上場会社の本人特定事項、および取引担当者の本人特定事項、および取引権限を確認しなければならない。

(8) 犯罪収益移転防止法上、個人顧客との非対面取引において、特定事業者が提供するソフトウェアを用いて1枚に限り発行される本人確認書類の画像またはICチップ情報の送信を受けるとともに、本人特定事項を確認済の顧客の預貯金口座に振込を行い、顧客から当該振込を特定するために必要な事項が記載されたインターネットバンキング画面の画像等の送付を受ける方法は認められている。

(9) 犯罪収益移転防止法上、個人顧客との非対面取引において、特定事業者が提供するソフトウェアを用いて本人の容貌の画像・本人確認書類の画像の送信を受ける方法による画像は、白黒またはカラー画像のいずれでもよいとされている。

(10) 犯罪収益移転防止法上の高リスク取引を行う際には、顧客・代表者等に対する質問その他当該取引に疑わしい点があるかどうかの確認のために必要な調査を行った上で、統括管理者に疑わしい点があるかどうか確認させなければならない。

(11) 外国人の預金口座の管理にあたり、本人確認書類により明らかに外国人であると判断できる氏名・名称の預金口座については、仮名名に加えてアルファベット名についても情報システム等に登録する必要があるとされている。

(12) ガイドラインにおける「全ての顧客のリスク評価」は、顧客が利用する商品・サービスや顧客属性に基づいた顧客類型ごとにリスク評価を行い、これを適用することである。

(13) 顧客・代表者等に係る本人特定事項の変更があった場合には、確認記録に付記等をする必要があるが、取引目的や職業・事業の内容の変更については、確認記録への付記等は要しない。

(14) 疑わしい取引の届出は、金融機関にとっても届出の状況等をほかの指標等とあわせて分析すること等により、自らのマネー・ローンダリング等管理態勢の強化に有効活用することができる。

(15) 融資金の返済に関する取引については、疑わしい取引の参考事例に記載されていない。

解答欄				
(1)	(2)	(3)	(4)	(5)
(6)	(7)	(8)	(9)	(10)
(11)	(12)	(13)	(14)	(15)

（解答・解説は 82 ページ）

◆ドリル◆ 第12回

　次の(1)～(15)の記述について、適切なものには○を、適切でないものには×を解答欄に記入してください。

(1) 外国人との取引については、マネロン等リスクが高いことを重視し、例えば、言語や意思の疎通が困難な場合には、これを預貯金口座開設の謝絶の事由とすることが求められる。

(2) 金融機関は、預貯金口座取引を開始する際に、申込者が取引時確認に応じないときは、相手方がこれに応ずるまでの間、預貯金口座の開設を拒むことができる。

(3) ガイドラインは、マネロン・テロ資金供与リスクを低減させるための措置は、リスクベース・アプローチに基づくマネロン・テロ資金供与リスク管理態勢の実効性を決定付けるものとして、実際の顧客の属性・取引の内容等を調査したうえで、一律に講ずべき低減措置を適用することを求めている。

(4) 取引モニタリング・フィルタリングにおいてITシステムを活用している場合、システムのシナリオや敷居値等の基準、検索機能の設定、データの網羅性や正確性に関する営業店における判断や検知の必要はない。

(5) 顧客等は、取引時確認において、金融機関に対して、取引時確認に係る事項を偽ってはならないとされている。

(6) 本人特定事項の確認において、顧客または代表者等の現在の住居が本人確認書類の記載と異なる場合、別の本人確認書類または携帯電話料金の領収証書を含む補完書類等の提示を受けることで住居の確認を行うことができる。

(7) 法人との取引が開始された後、取引担当者が変更になった場合でも、変更後の取引担当者について、犯罪収益移転防止法上、何らの措置を講ずる義務はない。

(8) 2020年4月1日以降は、低リスクと認められる法人の従業員が非対面で給与支払口座を開設する取引において、本人確認書類の送付を受け、取引関係書類を転送不要郵便等として送付する方法による取引時確認の方法は認められないこととされている。

(9) 犯罪収益移転防止法上、「疑わしい取引」および「同種の取引の態様と著しく異なる態

様で行われる取引」を行う際には、統括管理者に当該取引に疑わしい点があるかどうか確認させ、承認を受けさせなければならない。

(10) 日本国内の金融機関によって、米国 OFAC 規制対象に該当する外国為替取引が行われた場合でも、取引を実施した当該金融機関が制裁金を課されることはない。

(11) ガイドラインは、継続的な顧客管理として、定期的に一律の時期を定め、顧客情報の確認を行わなくてはならないとしている。

(12) 犯罪収益移転防止法上、200 万円以下の本邦通貨と外国通貨の両替、および 200 万円以下の旅行小切手の販売・買取は取引記録の作成を要しない。

(13) 確認記録や取引記録等は、自らの顧客管理の状況や結果等を示すものであるほか、当局への必要なデータ提出や疑わしい取引の届出の要否の判断等にも必須の情報である。

(14) 「犯罪収益移転防止に関する年次報告書（令和元年）」における疑わしい取引の届出の受理件数を業態別にみると、「銀行等」が最多となっている。

(15) 製品の輸出に係る決済等の取引について、疑わしい取引の届出の要否に関し、輸出先の国の技術水準への適合までを検討する必要はない。

解答欄				
(1)	(2)	(3)	(4)	(5)
(6)	(7)	(8)	(9)	(10)
(11)	(12)	(13)	(14)	(15)

（解答・解説は 84 ページ）

ドリル 第13回

次の⑴～⒂の記述について、適切なものには○を、適切でないものには×を解答欄に記入してください。

(1) 国によるマネー・ローンダリング等のリスク評価として公表される犯罪収益移転危険度調査書（令和元年12月）には、マネロンを行う主な主体として、暴力団、特殊詐欺の犯行グループ、来日外国人犯罪グループが挙げられている。

(2) 氏名・生年月日・住居等の情報から、以前、暴力団に所属していたことが疑われる者からの為替送金の申出があっただけでは、マネー・ローンダリング等に係る疑わしい取引の検討等を行うことは適切ではない。

(3) ガイドラインにおいて「第3の防衛線（第3線）」とは、内部監査部門を指し、第3線は、第1線と第2線が適切に機能しているか、更なる高度化の余地はないかなどについて、これらと密接に連携し、定期的に検証していくことが求められるとされている。

(4) 金融機関では、マネロン・テロ資金供与対策に関わる職員が、必要とされる知識、専門性のほか、取引時確認等の措置を的確に行うことができる適合性等について、継続的に確認することが求められている。

(5) 預金口座の開設時に、顧客が取引時確認に係る本人確認書類の提出に応じない場合には、金融機関はその口座開設を拒否することができる。

(6) 特定取引の相手方が法人である場合には、当該法人が外国PEPsに該当することはない。

(7) 犯罪収益移転防止法上、法人との非対面取引において、一般社団法人民事法務協会から登記情報の送信を受ける方法による取引時確認では、すべての場合で取引関係文書を転送不要郵便物等として送付する必要はない。

(8) 個人の非対面取引における公的個人認証サービスによる本人特定事項の確認方法とは、運転免許証に搭載されている電子証明書により確認される電子署名が行われた特定取引等に関する情報の送信を受ける方法である。

(9) 高リスク取引については、情報の収集・分析を行った結果を記載した書面等を作成して、

確認記録または取引記録等とともに保存することが求められている。

(10)　相続が発生した預金口座について、被相続人の預金口座から、北朝鮮に住所を有する相続人に対して支払いを行う場合は、外為法上の許可を要しない。

(11)　必要とされる情報の提供を利用者から受けられない場合には、預金約款に基づく取引の謝絶を行うことなど、リスク遮断の検討が必要である。

(12)　自金融機関の ATM を通じて行われる顧客と他金融機関の預貯金口座の間の現金の預入れ・払出しについては、取引記録の作成を要しない。

(13)　高リスク取引に係る疑わしい取引の届出の要否の判断に際しては、顧客等に対して質問を行ったり、申告を受けた情報について追加的な情報収集を行う等、必要な調査を行い、統括管理者に疑わしい点があるかを確認させることが必要である。

(14)　外国との取引においては、貿易書類や取引電文上の氏名、法人名、住所、最終目的地等情報の整合性は、疑わしい取引であるかどうかの着眼点の１つである。

(15)　自行職員によって行われる取引については、疑わしい取引の参考事例に記載されていない。

解答欄

(1)	(2)	(3)	(4)	(5)

(6)	(7)	(8)	(9)	(10)

(11)	(12)	(13)	(14)	(15)

（解答・解説は 86 ページ）

ドリル 第14回

　次の(1)～(15)の記述について、適切なものには○を、適切でないものには×を解答欄に記入してください。

(1) 金融機関によるマネー・ローンダリング等対策は、法律およびガイドラインの記載に基づいて実施されるものであり、金融庁の監督指針を参照する必要はない。

(2) ガイドラインは、マネロン等リスク管理態勢の構築にあたっては、関連部門等に対応を委ねるのではなく、経営陣が主体的かつ積極的にマネロン・テロ資金供与対策に関与することが不可欠としている。

(3) 金融機関は、継続的な顧客管理のために、犯罪収益移転防止法上の「取引時確認をした事項に係る情報を最新の内容に保つための措置」として、顧客から定期的に報告を受けなければならないとされている。

(4) 個人顧客との対面の取引時確認において、免許証のコピーの提示とともに、補完書類として前月の日付の領収印のある固定電話の領収証書の提示を受けた場合、取引関係書類を転送不要郵便物として送付する方法による確認ができる。

(5) 社会支援団体や一般社団法人などの非営利法人については、ガイドラインにおいて、マネロン・テロ資金供与リスクが低く、継続的な顧客管理の必要性が低いとされている。

(6) PTAや消防団などの人格のない社団については、犯罪収益移転防止法上、実質的支配者の確認は必要ではないとされている。

(7) 自動契約受付機における口座開設取引は、犯罪収益移転防止法上の非対面取引に該当するとされている。

(8) 外国PEPsである者の配偶者は外国PEPsに該当するが、外国PEPsである者の孫については外国PEPsに該当しない。

(9) 犯罪収益移転防止法上、高リスク取引を行う際には、統括管理者の承認を受けなければならず、その承認の有無の証跡を残すことが必要とされている。

(10)　顧客から依頼された外国送金について、資産凍結等経済制裁の対象である疑いがある場合でも、疑わしい取引の届出を行うことを前提として、送金を実行することができる。

(11)　ガイドラインにおける「顧客リスク格付」は、顧客が利用する商品・サービスや顧客属性等に対する自らのリスク評価の結果を総合し、「個別の顧客ごと」にリスク評価を行うことである。

(12)　マネロン等リスクが高いと判断した顧客と属性が類似している顧客について、その事情だけをもってリスク評価の厳格化が必要でないか検討することは適切ではない。

(13)　ITシステムに用いられる顧客情報、確認記録・取引記録等のデータは、網羅性・正確性の観点で適切なデータが活用されているかを定期的に検証することは、ガイドライン上の「対応が期待される事項」とされている。

(14)　疑わしい取引の届出の方式は、電子申請（インターネット経由）および書留・直接持参（電磁的媒体または文書）の方法があるが、届出の負担軽減の観点から電子申請による届出が推奨されている。

(15)　外国人技能実習生の代理人が給与受取のために行う口座開設取引は、疑わしい取引に該当することがあり得る。

解答欄				
(1)	(2)	(3)	(4)	(5)
(6)	(7)	(8)	(9)	(10)
(11)	(12)	(13)	(14)	(15)

（解答・解説は 88 ページ）

PART3

〈解答・解説編〉

【解　答】

(1)	(2)	(3)	(4)	(5)
○	×	○	×	×
(6)	(7)	(8)	(9)	(10)
○	○	×	×	○
(11)	(12)	(13)	(14)	(15)
×	○	×	○	○

【解　説】

(1) マネー・ローンダリングは、プレイスメント（犯罪収益を合法の商取引プロセスに組み込むこと）、レイヤリング（犯罪収益の出所を判別できなくすること）、インテグレーション（隠匿された犯罪収益を合法の商取引プロセスで利用すること）の3つの段階に分けられるとされている。

(2) 犯罪収益の移転は、地域・国境を越えて行われるなどクロスボーダー化が進んでおり、自金融機関や一国のみで規制・対策を強化しても、犯罪収益は規制のより緩やかな金融機関・国等へと移転してしまうため、マネロン対策を実効性のあるものとするためには、国際的、横断的な協調が不可欠である。

(3) 組織的犯罪処罰法10条の「犯罪収益等隠匿」、および麻薬特例法6条の「薬物犯罪収益等隠匿」として規定されており、犯罪収益移転防止法8条では、特定業務に係る取引において収受した財産が犯罪による収益である疑いがあるかどうか、または上記2法の罪に当たる行為を行っている疑いがあるかどうかを判断し、疑わしい取引の届出を行うことを定めている。

(4) ガイドラインは、犯罪収益移転防止法上の特定事業者（同法2条2項各号）のうち金融庁所管の金融機関等を対象としている。

(5) リスクベース・アプローチとは、自らが評価した取引等のリスクの大小に応じて、厳格な対応や簡素な対応など、適切なレベルの対応を実施する考え方である。

(6) 顧客情報の把握は、マネロン等防止のための最も基本的かつ重要な対応である。金融機関による顧客管理や取引モニタリング等を基礎付けることとなるほか、全社的な一元管理とデータ更新により、マネロン・テロ資金供与リスクの適切な管理に資することとなる。

(7) 本人特定事項である「氏名・住居・生年月日」のほか、犯罪収益移転防止法の平成 23 年改正で「取引を行う目的」「職業」が追加の確認事項とされた。

(8) 法人は、所有財産を複雑な権利・支配関係の下に置くことにより、その帰属を複雑にし、財産の真の帰属を仮装することが容易である。また、合法な事業活動を経由して犯罪資金等が移転するリスクがあるほか、資金移転等の規模も大きいことから、個人と比して、マネー・ローンダリング等のリスクが小さいとはいえない。

(9) 本人確認書類の原本または写しの送付を受け、本人確認書類に記載されている住所に取引関係書類を転送不要郵便等で送付する方法などで、確認することができる。

(10) なりすましの疑いがある場合の取引は、犯罪収益移転防止法上の高リスク取引に当たる。

(11) 疑わしい取引の届出は、犯罪収益移転防止法上の義務として定められており、外為法には規定されていない。

(12) ガイドラインにおいては、リスク低減措置のうち、特に個々の顧客に着目し、自らが特定・評価したリスクを前提として、個々の顧客の情報や当該顧客が行う取引の内容等を調査し、調査の結果をリスク評価の結果と照らして、講ずべき低減措置を判断・実施する一連の流れを「顧客管理」（カスタマー・デュー・ディリジェンス：CDD）と呼び、これはリスク低減措置の中核的な項目であるとされている。

(13) 特定取引等に係る契約が終了した日から 7 年間保存しなければならない。

(14) 1990 年策定の FATF「40 の勧告」の 1996 年改訂において、疑わしい取引の届出の義務付けが行われ、世界各国に導入が求められている。

(15) 記述の通り、金融機関の判断により届出を行うことが必要である。

ドリル 第2回 （問題は34ページ）

【解　答】

(1)	(2)	(3)	(4)	(5)
×	○	×	○	○
(6)	(7)	(8)	(9)	(10)
×	×	○	○	○
(11)	(12)	(13)	(14)	(15)
×	×	○	×	×

【解　説】

(1) 犯罪収益を預金口座に入金する行為は、3つの段階のうちプレイスメントに該当し、犯罪資金追跡の観点からは、この入口の段階でのマネー・ローンダリング対策がもっとも効果的であり、第1線の役割は重要である。

(2) 2003年のFATF「40の勧告」の改訂により、金融機関のほか、非金融業者や職業的専門家についても資金洗浄に関し規制すべき対象とされたことから、2008年に従来の「本人確認法」と「組織的犯罪処罰法」の一部を一本化した形で本法が施行されたものである。

(3) 外為法は、支払等に係る報告義務のほか、本人確認義務や適法性の確認義務を規定して国際的な経済制裁措置の実効性を高めており、マネー・ローンダリング対策に係る規定としても遵守が求められる。

(4) 前提として、マネロン・テロ資金供与対策は、国際情勢や、これに呼応して進化する他の金融機関等の対応に影響を受けるものであり、金融機関等は、こうした動向やリスクの変化等に機動的に対応し、マネロン・テロ資金供与リスク管理態勢を有効性のある形で維持していく必要があるとされている。

(5) リスク低減措置の中核的な項目である顧客管理（Customer Due Diligence：CDD）においても、リスクが高いと判断される場合には、より厳格な顧客管理（Enhanced Due Diligence：EDD）を行うことが求められる一方、リスクが低いと判断した場合には、簡素な顧客管理（Simplified Due Diligence：SDD）を行うなど、円滑な取引の実行に配慮することが求められている。

(6) リスクベース・アプローチの考え方から、顧客のリスクに応じて複数の本人確認書類や法人の関連資料等を求めるほか、追加的な質問を行うなど、顧客や法人の実質的支配者の本人特定事項などの本人確認事項、取引目的等の調査にあたり「信頼に足る証跡」を求め

てこれを行うことがガイドライン上、「対応が求められる事項」とされている。

(7)　相手方が「顧客と同居の親族または法定代理人」に当たることは申告によることはできず、本人確認書類により同一の姓、住所であることの確認ほか、住民票等の書類により確認することが求められる。また、夫の委任状等の書面があることや、夫に電話で確認ができればよい。

(8)　なお、特定取引の任に当たっている自然人を、犯罪収益移転防止法上「代表者等」という。

(9)　非対面取引では、本人確認書類の写しを用いることができることや、空き家を送付先住所として悪用するケースなどマネロン等犯罪に利用されるリスクは高いといえる。一方で、Fintech の普及や利用者の利便性向上に資するため、オンラインで個人の本人特定事項の確認を完結させる方法が定められている。

(10)　契約時の取引時確認の際に取引時確認に係る事項を偽っていた疑いがある場合の取引は、犯罪収益移転防止法上の高リスク取引に当たる。

(11)　外為法は、本邦内に主たる事務所を有する法人の代表者、代理人、使用人その他の従業者が、外国においてその法人の財産または業務についてした行為にも適用するとされ、個人の場合も同様と規定されている（外為法 5 条）。

(12)　ガイドライン上、合理的な理由なく謝絶を行わないこととされているが、理由を示すことまでは求められていない。

(13)　取引時確認の敷居値以下の取引等、特定取引等に当たらない取引でも、特定業務に含まれる場合は取引記録の作成が必要となり得るため、取引記録の作成・保存義務の方が対象範囲は広い。

(14)　犯罪収益移転防止法 8 条。なお、疑わしい取引の届出の対象は、特定取引ではなく「特定業務」に係る取引が対象であり、特定取引等よりも範囲が広い。

(15)　参考事例は、疑わしい取引を発見・抽出する際の参考として、事例に形式的に合致するものが全て疑わしい取引に該当するものではない一方、合致しない取引であっても、金融機関等が疑わしいと判断したものは届出の対象となる。

ドリル 第3回 (問題は36ページ)

【解答】

(1)	(2)	(3)	(4)	(5)
○	×	○	○	×
(6)	(7)	(8)	(9)	(10)
○	○	×	×	×
(11)	(12)	(13)	(14)	(15)
○	×	×	×	×

【解説】

(1) FATF は、1989 年のアルシュ・サミット経済宣言を受けて設立された政府間会合であり、わが国も設立当初からの参加国である。

FATF 審査は、各参加国・地域に対し、参加国等により構成される審査団により、大きく以下の 3 つの手続により実施される。①マネー・ローンダリング対策等に関する法令等の整備状況、リスク評価等に関する書面審査、②審査対象国等の現状を審査団が直接確認する現地調査、③全体会合での審議。

(2) 暗号資産(仮想通貨)は、G7 および FATF においても、その匿名性の高さ等の特徴から、マネロン等対策として規制を課すことが求められており、犯罪収益移転防止法の改正によって、暗号資産(仮想通貨)交換業者が 2017 年 4 月より特定事業者に追加されている。

(3) 金融庁は犯罪収益移転防止法上の監督のほか、監督上の措置として、取引時確認等の措置の確実な履行、ガイドライン記載の「対応が求められる事項」に係る措置等を適切に実施するためのリスク管理態勢に問題があると認められる場合には、必要に応じ銀行法 24 条に基づき報告(追加の報告を含む)を求めることができる。

(4) ガイドラインの一部改正では、「顧客管理」に関して、全顧客についてのリスク評価に応じて講ずべきリスク低減措置を判断することが明確化され、継続的顧客管理措置に関して顧客のリスク評価の見直し等が行われたほか、「データ管理(データ・ガバナンス)」において、IT システムに用いられるデータにつき、網羅性・正確性等について定期的に検証すること等が追記され「対応が求められる事項」が強化されたといえる。

(5) リスクベース・アプローチは、国際的にも、FATF の勧告等の中心的な項目であるほか、主要先進国でも定着しており、その機動的かつ実効的な対応の必要性も踏まえれば、わが国金融システムに参加する金融機関等にとっては、当然に実施していくべき事項(ミニマム・スタンダード)であるとされている。

(6) 取引時確認の義務がある特定取引等は、特定業務のうちの「特定取引」と「高リスク取引」であり、特定取引とは、①一定の「対象取引」と②「顧客管理を行う上で特別の注意を要する取引に該当する取引」である。

(7) いずれの場合も、関連取引時確認を行った際にとった方法とは異なる方法で取引時確認を行わなければならないとされている。

(8) 本人特定事項の確認は、提示等を受ける日の6ヵ月以内に作成された登記事項証明書、印鑑登録証明書（法人の名称・所在地の記載があるもの）、または官公庁から発行・発給された書類で法人の名称・所在地の記載があるもの等により確認を行わなければならない。

(9) 顧客から現在の住居の記載のある本人確認書類の写しの送付を受ける場合、本人確認書類の写しについて写真の有無の限定はない（2種類に現在の住居の記載があることが必要）。

(10) イラン・北朝鮮に「居住し、または所在する」顧客等との特定取引は、犯罪収益移転防止法上の高リスク取引に当たる。

(11) なお、法人については、名称および主たる事務所の所在地を確認しなければならないとされている。

(12) ガイドラインでは、さらに、当該顧客との取引の実施等につき、上級管理職の承認を得ることとされている。

(13) 取引時確認を行った者の氏名その他の当該者を特定するに足りる事項を記録しなければならない（施行規則20条1項1号）。

(14) わが国の資金情報機関（FIU（Financial Intelligence Unit））は、2007年3月まで金融庁総務企画局総務課特定金融情報室が担当し、同年4月、国家公安委員会（警察庁刑事局組織犯罪対策部犯罪収益移転防止管理官）にその機能が移管され、2020年現在、国家公安委員会（警察庁刑事局組織犯罪対策部組織犯罪対策企画課犯罪収益移転防止対策室等）がFIUとして機能している。

(15) 多額の現金または小切手とされているが、100万円以上の敷居値は定められていない（第1　現金の使用形態に着目した事例より）。

ドリル 第4回 (問題は38ページ)

【解　答】

(1)	(2)	(3)	(4)	(5)
×	×	×	○	○
(6)	(7)	(8)	(9)	(10)
×	×	○	×	×
(11)	(12)	(13)	(14)	(15)
×	×	○	○	×

【解　説】

(1) マネー・ローンダリングの前提犯罪は、不法な収益を生み出す犯罪であって、死刑、無期もしくは長期4年以上の懲役、もしくは禁錮の刑が定められている罪、組織的犯罪処罰法の別表第1・別表第2に掲げる罪および麻薬特例法に掲げる薬物犯罪が該当し、例えば、殺人、強盗、窃盗、詐欺、背任等の刑法犯と出資法、売春防止法、商標法、銀行法、著作権法、銃刀法等の特別法犯が含まれている。

(2) 犯罪収益移転防止法（28条1〜4号）は、①他人になりすまして金融機関の役務を受ける目的での通帳・キャッシュカード等の譲受け、交付・提供を受けること、②①の目的を知りながら通帳・キャッシュカード等を譲渡し、交付・提供することや、通常の取引等の正当な理由なく有償で通帳・キャッシュカード等を譲渡し、交付・提供すること、③業として①・②の行為をすること、④①・②の行為の勧誘・広告等を禁じており、なりすましの目的で行われる通帳等の譲渡は有償・無償にかかわらず、罰則の対象である。

(3) 共謀罪を内容とする組織的犯罪処罰法の改正が2度廃案となった後、構成要件をテロ等準備罪とした組織的犯罪処罰法の改正によってFATFより要請されていた国際的な組織犯罪の防止に関する国際連合条約（TOC条約（パレルモ条約））の締結が可能となり2017年7月、同条約が締結された。同条約は、組織的な犯罪集団への参加・共謀や犯罪収益の洗浄・司法妨害・腐敗等の処罰、およびそれらへの対処措置等を内容とするものである。

(4) 設問の対応に加え、過去のモニタリングや海外の金融機関等において確認された優良事例を、他の金融機関等がベスト・プラクティスを目指すにあたって参考となる「先進的な取組み事例」として掲げ、金融機関等におけるフォワード・ルッキングな対応を促している。

(5) ガイドライン上、リスクベース・アプローチにおいては、マネロン・テロ資金供与リスクへの対応を、リスクの特定・評価・低減の段階に便宜的に区分するなど、順を追って検討していくことが重要とされ、ガイドラインの記載もこの順に構成されている。

(6) 特定事業者の類型は大きく、①金融機関等、②ファイナンスリース事業者、③クレジットカード事業者、④宅地建物取引業者、⑤宝石・貴金属等取扱事業者、⑥郵便物受取サービス業者・電話受付代行業者・電話転送サービス事業者、⑦弁護士、司法書士、行政書士、税理士等が規定され、社会保険労務士は含まれない。

(7) 高リスク取引においては、その取引が200万円を超える財産の移転を伴う場合について、「資産及び収入の状況」を確認することが求められる。なお、確認の限度としては、疑わしい取引の届出を行うか否かの判断に必要な限度であり、すべての資産・収入の状況を確認する必要はないとされている。

(8) 法人の実質的支配者は、資本多数決法人であるか、それ以外の法人であるかにより定められている。犯罪収益移転防止法の平成26年改正（平成28年施行）以後は、実質的支配者の定義が変更され、必ず自然人にさかのぼる確認が必要となっている。

(9) オンラインで本人特定事項の確認を完了させる場合、特定事業者が提供するソフトウェアを使用して、顧客の写真付き本人確認書類とあわせて本人の容貌の画像の送信を受ける必要がある。

(10) 取引時確認済みであることが確認できる場合でも、「疑わしい取引」または「同種の取引の態様と著しく異なる態様で行われる取引」の場合には、通常の取引時確認が必要である。また、「なりすましの疑いのある取引」、「取引時確認に係る事項を偽っていた疑いがある顧客の取引」等高リスク取引の場合には、厳格な取引時確認が必要である。

(11) 当該取引が「特定為替取引」に該当する場合、本人確認を行わなければならないとされているが、取引の額が10万円相当額以下の支払等に係る為替取引は除かれる。

(12) 顧客等の職業・事業内容のほか取引目的や利用する商品・サービスと資産・収入のバランスなど様々な要因によってリスクを勘案しなければならない。

(13) 特定業務に係る取引を行った場合には、直ちに取引記録を作成し、当該取引の行われた日から7年間保存しなければならない（犯罪収益移転防止法7条3項）

(14) 組織的犯罪処罰法2条4項に規定する「犯罪収益等」または麻薬特例法2条5項に規定する「薬物犯罪収益等」と定義されている（犯罪収益移転防止法2条1項）、なお、犯罪収益等とは、犯罪収益、犯罪収益に由来する財産またはこれらの財産とこれらの財産以外の財産とが混和した財産をいう。

(15) 「組織的犯罪等による収益の隠匿・事実の仮装等」、または「薬物犯罪収益の隠匿・事実の仮装等」であり、マネー・ローンダリングを犯罪として罰する規定である。

【解　答】

(1)	(2)	(3)	(4)	(5)
○	○	×	×	×
(6)	(7)	(8)	(9)	(10)
○	×	×	○	○
(11)	(12)	(13)	(14)	(15)
○	×	×	○	×

【解　説】

(1) マネロン対策は国際社会に共通した犯罪対策の重要課題として、従前は必ずしも違法とはされていなかった、犯罪収益の出所や真の所有者をわからないようにして捜査や検挙を逃れようとする行為自体を犯罪とし、国際協調の下で対応が進められるようになった。

(2) 外為法は、銀行等の適法性の確認義務（外為法17条）を規定しており、テロリスト等、送金依頼人・受取人に関する規制や、北朝鮮向け・原産の貨物に係る支払やイランの核活動に係る送金など送金目的に関する規制に該当しない支払等であることを確認しなければならない。

(3) 重大な問題があると認められる場合、銀行法26条に基づき、金融庁は業務改善命令を発出するものとされ、さらに、内部管理態勢が極めて脆弱であるときや著しく公益を害したと認められる場合など重大な法令違反と認められる場合には、銀行法26条、27条に基づいて業務の一部停止命令がなされることがあり得る。

(4) リスクの特定における包括的かつ具体的な検証にあたっては、社内の情報を一元的に集約し、全社的な視点で分析を行うことが必要となることから、マネロン・テロ資金供与対策に係る主管部門に対応を一任するのではなく、経営陣の主体的かつ積極的な関与の下、関係する全ての部門が連携・協働して、対応を進めることが必要とされている。

(5) リスクベース・アプローチの前提となるリスクの特定・評価にあたっては、国によるリスク評価の結果（犯罪収益移転危険度調査書：NRA）を踏まえることや、各業態が共通で参照すべき分析と、各業態それぞれの特徴に応じた業態別の分析の双方を十分に踏まえることの重要性がガイドラインに記載されており、FATF勧告やFATFのセクターごとの分析、国際機関や海外当局が公表している業態別の分析や業界団体が会員向けに共有・公表している事例集等がこれに該当するとされている。

(6)　個人顧客本人が取引を行う場合は、顧客の本人特定事項の確認を行い、法人取引や代理人取引の場合など特定取引等の任に当たっている自然人（代表者）が顧客と異なる場合には、顧客の本人特定事項の確認に加え、代表者の本人特定事項の確認を行う必要がある。

(7)　法令所定の方法により、取引時確認済みの確認をすることができる場合には、取引記録に確認記録を検索するための事項、取引等の日付、取引等の種類を記録し、取引の日から7年間保存すれば、取引時確認済みの顧客との取引として、改めて取引時確認を行う必要はない。ただし、顧客等になりすまし、偽りの疑いがある場合、疑わしい取引、同種の取引と著しく異なる態様で行われる取引の場合は取引時確認済みの確認によることはできない。

(8)　取引を行う目的は、申込書等に「事業費決済」「貯蓄／資産運用」「融資」など複数の項目を例示し、チェックしてもらう申告の方法によるが、事業内容については、登記事項証明書または定款等の書類によることが必要である。

(9)　非対面かつ本人確認書類のコピーが許容される状態での確認になることを踏まえれば、顧客の属性等の情報の確認にもいっそうの留意が必要となる。

(10)　そのうち少なくとも1種類は、継続的取引の開始の際において用いた本人確認書類等以外の書類により確認しなければならない。

(11)　また、同一顧客でも、同一日または近接する日に数回に分けて同一店舗または近隣の店舗に来店し、取引時確認の対象となる金額（法定・自社ルール）をわずかに下回るように分散して行う場合も疑わしい取引に該当し得る（外国通貨又は旅行小切手の売買に係る疑わしい取引の参考事例より）

(12)　犯罪収益移転防止法に規定される取引時確認等の対応に加え、ガイドラインにおいては、リスクに応じた追加的な措置が要請されている。

(13)　残高照会など財産の移転を伴わない取引は取引記録の作成を要しない。

(14)　特定業務に係る取引が対象であり、犯罪収益移転防止法上の敷居値以下の取引であっても対象となる。

(15)　入出金が多額である場合のほか、敷居値を若干下回る取引が認められる場合も同様とされている（第1　現金の使用形態に着目した事例より）

【解　答】

(1)	(2)	(3)	(4)	(5)
○	○	×	○	×
(6)	(7)	(8)	(9)	(10)
○	×	×	○	×
(11)	(12)	(13)	(14)	(15)
○	×	○	×	○

【解　説】

(1)　FATFの第3次対日相互審査においては、49の審査項目中、「顧客管理」など重要項目について10項目の「不履行」、15項目の「一部履行」の評価となり、FATFのフォローアップを受け、その後の犯罪収益移転防止法等の改正やガイドラインの制定等につながった。

(2)　国際テロリスト財産凍結法は、FATFの第3次対日相互審査において、居住者間取引の資産凍結制度が不備と指摘されたことに対応し、2015年10月に施行されたものである。国際テロリストの対外取引については、外為法により規制されている。

(3)　第1線が実効的に機能するためには、そこに属する全ての職員が、自らが関わりを持つマネロン・テロ資金供与リスクを正しく理解した上で、日々の業務運営を行うことが求められるとされている。

(4)　また、リスクの評価は、リスク低減措置の具体的内容と資源配分の見直し等の検証に直結するものであることから、経営陣の関与の下で全社的に実施することが必要とされている。

(5)　金融機関は、自ら特定・評価したリスクをリスク評価書（特定事業者作成書面）として作成することとされており、金融庁のモニタリングにおいても、必要に応じて金融機関に提出を求めるものとされている。

(6)　「高リスク取引」の類型としては、①なりすましの疑いがある取引または本人特定事項を偽っていた疑いがある取引、②特定国に居住・所在している顧客との取引、③外国PEPs等との取引に分けることができる。

(7)　国籍および旅券等の番号を確認することで、住居の確認に代えることができるとされている（施行規則8条1項1号）。

(8) 他に、議決権の 50 ％超を直接的または間接的に保有する個人がいる場合は、その者が実質的支配者に該当する。

(9) なお、本人限定受取郵便において、配達事業者が確認する本人確認書類の種類は従来特定されていなかったところ、2020 年 4 月より「写真付き」のものに限定されることとなっている。

(10) 犯罪収益移転防止法上の高リスク取引に当たるのは、イラン・北朝鮮に居住または所在する顧客等との間で、特定取引を行う場合である。

(11) 従前の外国為替検査マニュアル等によるルールとチェックリストを中心とした枠組みから、リスクベース・アプローチを明示的に取り入れたより効果的な枠組みへの移行が不可欠との認識の下、外国為替検査ガイドラインが策定された。

(12) ガイドラインでは、簡素な顧客管理（SDD）が許容される場合でも、金融機関等はわが国および当該取引に適用される国・地域の法規制等を遵守することは当然であるとされており、法令上の敷居値を超えて緩和することはできない。

(13) 本人確認書類・補完書類の写しを確認記録に添付・保存する場合は、日付のみの記録でよい（施行規則 20 条 1 項 3 号）。

(14) 疑わしい取引の届出を行おうとすること、または行ったことを当該取引の顧客等またはその関係者に漏らしてはならない（法 8 条 3 項）。

(15) 疑わしい取引の参考事例（第 2　真の口座保有者を隠匿している可能性に着目した事例）に記載されている。

【解答】

(1)	(2)	(3)	(4)	(5)
×	○	×	○	○
(6)	**(7)**	**(8)**	**(9)**	**(10)**
×	×	○	×	○
(11)	**(12)**	**(13)**	**(14)**	**(15)**
×	○	×	×	×

【解説】

(1) FATFによる直接の制裁はないが、FATF勧告遵守が遅れている国は、マネロン・テロ資金供与対策の高リスク国として国名が公表されるおそれがあるほか、海外金融機関からのコルレス契約の解除、金融機関の海外取引に支障が生じるなどの可能性がある。またマネー・ローンダリング対策が不十分な金融機関には、海外当局より制裁金の支払いを求められることがあり得る。

(2) FATFの第3次対日相互審査においては、「40の勧告」、「9の特別勧告」の計49の審査項目のうち、15項目について「一部遵守」、10項目について「不遵守」、25項目が「要改善」と評価され、フォローアップの対象となった。

(3) 金融庁は、モニタリングを通じて、「対応が求められる事項」に係る措置が不十分であるなど、マネロン・テロ資金供与リスク管理態勢に問題があると認められる場合には、必要に応じ、報告徴求・業務改善命令等の法令に基づく行政対応を行うこととしている。

(4) ガイドラインは、金融機関等に求められるマネロン・テロ資金供与リスク管理態勢の機能を、営業部門、コンプライアンス部門等の管理部門および内部監査部門の機能として「三つの防衛線」の概念の下で整理し、それぞれに「対応が求められる事項」を記載している。

(5) 「商品・サービス」、「取引形態」、「国・地域」、「顧客属性」等が国家公安委員会の公表する犯罪収益移転危険度調査書（NRA）に挙げられており、こうした観点から、自金融機関のリスクを包括的かつ具体的に検証する。

(6) 金融機関の対象取引は、施行令7条に規定されており、主な類型として、①預貯金取引・定期積金取引の開始、貸金庫・保護預かり取引の開始、②10万円超の現金振込取引（税金の納付等を除く）・持参人払式小切手による現金の受取り、③200万円を超える現金・持参人払式小切手の受払い・外貨両替取引のほか、④融資取引が定められている。

(7)　金融機関が提示または送付を受ける前 6 ヵ月以内に作成されたものに限られている。

(8)　取引権限の確認には、委任状等の取引権限を証する書類を有していること、または、法人顧客に対して電話などによる取引権限の有無の確認を受けることなどが必要である。

(9)　本人確認書類の原本（住民票の写し、印鑑登録証明書など）の送付を受け、転送不要郵便物等を用いた確認方法では、本人確認書類 1 点の送付を受けることで足りる。

(10)　疑わしい取引の届出を行うべき場合に該当するかどうかの判断に必要な限度で、個人顧客の場合は、預金通帳や源泉徴収票、確定申告書等により、法人顧客の場合は貸借対照表、損益計算書、有価証券報告書等により確認を行う。

(11)　送金取引を受け付けるにあたっては、個々の顧客および取引に不自然・不合理な点がないか等につき、所定の検証点に沿って確認・調査を行うほか、リスクが高いと判断される場合には内部の承認も求められており、送金の事前の調査や取引の謝絶が前提とされている。

(12)　ガイドラインにおいても、第 1 線となる窓口担当者は、マネロン等リスクに最初に直面する点で、その役割は重要であるとされている。

(13)　1 万円以下の価額の財産の移転に係る取引は取引記録の作成を要しないとされている（施行令 15 条 1 項 2 号）。

(14)　一見取引であっても疑わしい取引の届出の対象である。なお、ガイドラインでは既存顧客との継続取引や一見取引等の取引区分に応じて、疑わしい取引の該当性の確認・判断を適切に行うこととされている。

(15)　疑わしい取引の参考事例の記載は、屋号付名義等を利用して異なる名義で多数の口座を保有している顧客の場合を含むとされている（第 2　真の口座保有者を隠匿している可能性に着目した事例より）。

ドリル 第8回 <small>（問題は46ページ）</small>

【解 答】

(1)	(2)	(3)	(4)	(5)
×	×	○	○	○
(6)	**(7)**	**(8)**	**(9)**	**(10)**
○	○	×	○	○
(11)	**(12)**	**(13)**	**(14)**	**(15)**
×	×	×	○	×

【解 説】

(1) FATF は、2001 年の米国同時多発テロ事件を受けて FATF 特別勧告を制定、テロ資金供与をマネー・ローンダリングの前提犯罪と位置付け、「ML/FT リスク」として、一体的に対策が求められるところとなり、テロ資金供与が画一的に低リスクであると考えることはできない。なお、日本では、2002 年のテロ資金提供処罰法・改正組織的犯罪処罰法の施行により、テロ資金供与がマネー・ローンダリングの前提犯罪と位置付けられた。

(2) テロ資金提供処罰法は、テロに関する資金の提供だけでなく、物、役務等の提供を規制していることに特徴があり、FATF の第 3 次対日相互審査における、テロリストへの物質的支援が処罰対象外との指摘に対応して、改正法が 2014 年 12 月に施行されたものである。

(3) マネロン・テロ資金供与リスクが経営上重大なリスクになり得るとの理解の下、例えば、業績評価においてマネロン・テロ資金供与対策を勘案するなど、マネロン・テロ資金供与対策に関する経営陣の積極的な姿勢やメッセージを示すなど、経営陣に積極的な関与を求めている。

(4) 金融機関は、マネロン・テロ資金供与リスクが高いと判断した顧客については、より厳格な顧客管理を行うことが求められる一方、リスクが低いと判断した場合には、簡素な顧客管理を行い円滑な取引の実行に配慮するなど、顧客ごとのリスクに応じたリスクベース・アプローチの実践が求められている。

(5) 必要とされる情報の提供を利用者から受けられないなど、自らが定める適切な顧客管理を実施できないと判断した顧客・取引等については、取引の謝絶を行うこと等を含め、リスク遮断を図ることがガイドライン上求められており、本ひな型の改訂を機に、取引の一部制限等を定める預金規定の改訂が各金融機関で進められた。

(6) なお、敷居値以下の取引や、簡素な顧客管理を行うことが許容される取引であっても、

特別の注意を要する取引に該当する可能性があることに留意が必要である。

(7) これまで、留学生などの帰国時に口座が第三者に譲渡される等による犯罪利用口座への転用例が相次いだことから、口座売買は犯罪に当たることの周知や、帰国時には口座解約を促すことが求められている。

(8) この場合、法人Cを通じて間接的に保有する25％は間接保有分として合算され（10％＋25％）、個人株主Bが有する法人Aに対する議決権の保有割合は35％となるため、実質的支配者に当たり得る。

(9) 非対面取引において、オンラインで完結する個人顧客の本人確認方法（eKYC）の手法として、2019年11月30日から新たに施行された本人特定事項の確認方法の1つである。

(10) 外国PEPsとの間の特定取引が、犯罪収益移転防止法上の高リスク取引になると定められている。

(11) 外国為替検査ガイドラインでは、輸入代金送金の場合、貨物の商品名、原産地および船積地域を含む送金目的を把握する必要があるとされている。

(12) ガイドラインにおいては、継続的な顧客管理により確認した顧客情報等を踏まえ、顧客のリスク評価を見直すことが求められている。

(13) 振込送金の場合は、振込依頼人の情報等を検索できるよう、取引記録の作成が必要とされている（施行規則24条6号イ）。

(14) 疑わしい取引の届出は、顧客との取引が成立したことは必ずしも必要ではなく、未遂に終わった場合や契約の締結を断った場合でも届出の対象となる。

(15) 「口座開設後、短期間で多額又は頻繁な入出金が行われ、その後、解約または取引が休止した口座に係る取引」が参考事例に記載されている（第3　口座の利用形態に着目した事例より）。

【解　答】

(1)	(2)	(3)	(4)	(5)
○	×	○	×	×
(6)	**(7)**	**(8)**	**(9)**	**(10)**
○	○	○	×	○
(11)	**(12)**	**(13)**	**(14)**	**(15)**
×	○	×	×	×

【解　説】

(1)　ガイドラインにおいても、顧客と直接対面する活動を行っている営業店や営業部門は、第1の防衛線（第1線）として、マネロン・テロ資金供与リスクに最初に直面し、これを防止する役割を担うとされている。

(2)　犯罪収益移転防止法では、特定事業者による各種義務の履行を確保するため、各特定事業者を所管する行政庁（金融機関の場合は、金融庁）が、報告徴収、立入検査、指導・助言・勧告といった監督権限が認められている（法15条〜17条）。また、同法上の義務に違反していると認められるときは是正命令を行うことができることとされている（法18条）。

(3)　業界団体や中央機関等は、上記のほか、必要かつ適切な場合には、マネロン・テロ資金供与対策に係るシステムの共同運用の促進、利用者の幅広い理解の促進等も含め、傘下金融機関等による対応の向上に中心的・指導的な役割を果たすことが重要とされている。

(4)　マネロン・テロ資金供与リスクの低減措置の実施においては、個々の顧客に着目する「顧客管理」や、個々の取引に着目する「取引モニタリング・フィルタリング」の手法があり、これらを適切に組み合わせて実施していくことが有効とされている。

(5)　ガイドラインでは、リスクベース・アプローチにおけるマネロン・テロ資金供与リスクの評価については、その過程に経営陣が関与し、リスク評価の結果を経営陣が承認することが「対応が求められる事項」とされている。

(6)　「簡素な顧客管理を行うことが許容される取引」（税金納付等や公共料金、入学金の支払等）については、対象取引から除かれ、取引時確認の義務が課せられていない。

(7)　在留期間を確認し、残り期間が短い場合などは口座確認ができない旨などを伝える。なお、3ヵ月を超える期間、中長期滞在をしている外国人へ発行される在留カードの在留期

間は住民票へ記載されるほか、個人番号カードが発行された場合、個人番号カードの有効期限がカード発行時点での在留期限となる。

(8)　法人の実質的支配者は、資本多数決法人以外の法人の場合、① 50 ％超の収益の配当または財産の分配を受ける権利を有する自然人、いない場合には、② 25 ％超の収益の配当または財産の分配を受ける権利を有する自然人、①・②がいない場合には、③出資・融資・取引等その他の関係を通じて事業活動に支配的な影響を有していると認められる自然人、①〜③がいない場合には、④法人を代表し、その業務を執行する自然人、の順で実質的支配者に該当する。なお、①・②に該当する者については、事業経営を実質的に支配する意思または能力を有していないことが明らかな場合を除くとされている。

(9)　犯罪収益移転防止法上、個人顧客との非対面取引において、特定事業者が提供するソフトウェアを用いて 1 枚に限り発行される本人確認書類の画像または IC チップ情報の送信を受けるとともに、他の金融機関またはクレジット会社に当該顧客の本人特定事項を確認済みであることを確認する方法が認められている。

(10)　ただし、リスクベース・アプローチの考え方により、ガイドラインでは、リスクが高いと判断する顧客および実質的支配者の本人確認事項、取引目的等の調査にあたっては、信頼に足る証跡を求めてこれを行うこととされている。

(11)　外国為替検査ガイドラインでは、「取引時確認の対象とならない取引又は行為への対応」として取引時確認の対象とならない両替取引を行うに際しても顧客の氏名または名称とともに、当該顧客の特定に資する情報を収集することが重要であるとされている。

(12)　FATF 第 3 次対日相互審査において、日本は「顧客管理」に当たる審査項目について 4 段階のうち、最低の「不履行」の評価を受けた。

(13)　取引時確認に際しては、個人番号を取得等してはならない。個人番号カードを特定するに足りる事項として、発行自治体名・有効期限等を記録する。

(14)　疑わしい取引の届出の要否の判断は、取引時確認の結果や当該取引の態様その他の事情、犯罪収益移転危険度調査書の内容を勘案し、かつ施行規則所定の項目に従い、疑わしい点があるかどうかを確認する等の方法により行わなければならないとされている。

(15)　疑わしい取引の参考事例（第 3　口座の利用形態に着目した事例、経済合理性から見て異常な取引）に記載されている。

【解　答】

(1)	(2)	(3)	(4)	(5)
×	×	○	○	×
(6)	(7)	(8)	(9)	(10)
×	×	×	○	○
(11)	(12)	(13)	(14)	(15)
○	×	○	×	×

【解　説】

(1) FATFは、直接の参加メンバーである37か国・2地域（2020年8月現在）のほか、例えば日本がメンバーであるアジア太平洋のAPGのほか、ヨーロッパのMONEYVAL、ユーラシアのEAG、南東アフリカのESAAMLG、ラテンアメリカのGAFILAT等のような「FATF型地域体」が世界各地に設置されており、間接的に参加するメンバーは約200か国・地域に上り、FATFの枠組みは事実上のマネロン等対策の国際標準となっている。

(2) 預貯金等債務の履行についても、相手方が許可証を提示した場合を除き、してはならないとして規制の対象とされている（国際テロリスト財産凍結法15条4号）。

(3) 第2線は、第1線に対しては、リスク管理態勢が有効に機能しているか、独立した立場から監視を行うことや、第1線に対する情報提供や質疑応答のほか、具体的な対応方針等の協議などの支援を行うこと等が「対応が求められる事項」として示されている。

(4) ガイドラインでは、リスクの特定にあたって、自らが提供する商品・サービスや取引形態、取引に係る国・地域、顧客の属性等のリスクを、包括的かつ具体的に検証することとされており、経営陣の関与の下、関係する全ての部門が連携・協働して対応を進めることとされている。

(5) 顧客のリスクが高まったと想定される具体的な事象として、顧客の不芳情報やビジネスモデル、取引相手国・地域の変化等があるほか、疑わしい取引の届出を行ったことも含まれる。

(6) 金融機関が取引時確認を行った場合には、直ちに確認記録を作成し、特定取引等に係る契約が終了した日等から7年間保存しなければならない。

(7) この場合は、「厳格な取引時確認」を実施する必要がある。

(8) 法人の代表者等の取引権限の確認方法として、法人が発行する身分証明書（社員証等）は、犯罪収益移転防止法の平成 26 年改正（平成 28 年 10 月 1 日施行）以後は使用できないものとされた。同時に、登記事項証明書に役員として登記されている者でも、当該法人の代表権者として登記されていない場合には、委任状等の当該法人の代理人等であることを証する書類が必要とされることになった。

(9) 顧客が国、地方公共団体、上場企業等である場合は、取引担当者（代表者）の本人特定事項の確認を行う。

(10) 株式会社等の資本多数決法人の場合、株主名簿、有価証券報告書その他これらに類する書類により、一般社団法人や一般財団法人、持分会社等の資本多数決法人以外の法人では、登記事項証明書等により確認を行う。

(11) なお、送金情報の把握については、従前の外国為替検査マニュアルの記載「送金目的、送金人及び受取人の氏名・名称、住所・本店所在地（国）」から、外国為替検査ガイドラインでは「仕向国、非仕向銀行、送金目的（輸入代金送金の場合は貨物の商品名、原産地及び船積地域を含む。）、送金人及び受取人の氏名・名称、住所・本店所在地（国）」とされており、確認すべき情報の範囲が拡大されている。

(12) 顧客の信用リスクとマネロン等リスクの高低は関連して判断されるものではない。

(13) 変更・追加に係る内容を付記またはそれに代えて別途記録し、確認記録とともに保存することとされている（施行規則 20 条 3 項）。

(14) 犯罪収益移転防止法 8 条 1 項は、「速やかに」届け出なければならないとしているところ、ガイドラインでは「直ちに」届け出なければならないとされ、1 ヵ月程度を要する場合は直ちに行う態勢を構築しているとはいえないとされている。

(15) 「頻繁な貸金庫の利用」が疑わしい取引の参考事例に記載されている（第 5　保護預り・貸金庫に着目した事例より）。

【解　答】

(1)	(2)	(3)	(4)	(5)
○	○	×	○	×
(6)	**(7)**	**(8)**	**(9)**	**(10)**
○	×	○	×	○
(11)	**(12)**	**(13)**	**(14)**	**(15)**
○	○	×	○	×

【解　説】

(1) FATF審査を受けた国は、非監視対象国と判断された場合でも、レベルに応じて、「通常フォローアップ」または「強化フォローアップ」のプロセスにおかれ、相互審査の5年後にフォローアップ審査が行われるほか、不備事項の改善状況等を報告すること等が求められる。

(2) 犯罪収益移転防止法の2016年改正においては、国家公安委員会が、特定事業者の取引ごとにリスクの調査・分析した犯罪収益移転危険度調査書を作成することとされ、同調査書の内容等を勘案し、疑わしい取引の届出の判断を行うことのほか、取引時確認等を的確に行うための措置として、自ら行う取引の調査・分析の実施による特定事業者作成書面等の作成等の措置が定められた。

(3) ①預金通帳その他確認記録に記録されている顧客等と同一であることを示す書類等の提示・送付を受ける方法、②顧客しか知り得ない事項（パスワード・暗証番号等）の申告を受ける方法、③顧客と面識がある場合など確認記録に記録されている顧客と同一であることが明らかである場合の①～③に加え、取引時確認済みの確認を行った取引に係る所定の事項を記録し保存することが法定されている（施行規則16条）。

(4) なお、未成年者の親権者である親など法定代理人が未成年者を代理して取引する場合には、その法定代理人についても本人特定事項の確認を行う。

(5) 写しをとることはできるが、表面の写しのみにとどめ、裏面の個人番号については取得しないか、あるいは黒塗り等でマスキング処理をする。また、表面の臓器提供意思確認欄の記載についても、要配慮個人情報に該当するおそれから、同様の処理が望まれる。

(6) 簡素な顧客管理を行うことが許容される取引に当たり、本人確認書類の提示は不要である。ただし、専門学校や海外法に基づく学校が対象の場合や、入学金・授業料と同時に支

払われるものではない学校関係の施設費や寄附金等はこれに該当しない。

(7) 犯罪収益移転防止法上、国、地方公共団体、独立行政法人、上場会社等の顧客に対する取引時確認に際しては、取引担当者（代表者等）の本人特定事項および代表者等が顧客のために特定取引等の任に当たっていると認められる事由（取引権限）の確認を行えば足りるとされている。

(8) 2019年11月30日から新たに施行された本人特定事項の確認方法（eKYC）の1つである。

(9) 白黒画像は、本人特定事項の確認のために得られる情報量が少なく、本人特定事項の確認に支障が生じるため認められない。また、解像度についても、本人特定事項の確認に支障が生じる場合は認められないとされている。

(10) 高リスク取引においては必要な調査に加え、統括管理者に疑わしい点があるかどうか確認させなければならない（旅行規則27条3号）。

(11) 外国為替検査ガイドラインでは、預金口座の管理にあたっては、預金口座の名義人の居住性・居住地の情報を基に、非居住者預金口座を居住者預金口座と区分して居住国別に管理するとともに、非居住者預金口座及び居住者である外国人等、本人確認書類により明らかに外国人であると判断できる氏名（外国人名）の預金口座（非居住者等預金口座）については、本人確認書類を基に仮名名に加えてアルファベット名についても情報システム等に登録する必要があるとされている。

(12) ガイドラインでは「全ての顧客のリスク評価」は、顧客が利用する商品・サービスや顧客属性に基づいた顧客類型ごとにリスク評価を行い、これを全ての顧客に適用することとして「対応が求められる事項」とされている。

(13) 顧客・代表者等の本人特定事項、取引目的、職業・事業の内容、実質的支配者、外国PEPs等の情報、その他関連取引時確認の確認記録の検索に係る事項の変更・追加についても、確認記録への付記等が必要である（施行規則20条3項）。

(14) 疑わしい取引の届出の届出状況は、リスクの特定・評価・低減の段階において、客観的な指標として把握・蓄積し分析すべきことや、営業部門への還元・周知によってリスク認識を深めることに活用すべきことがガイドラインに記されている。

(15) 「延滞していた融資の返済を予定外に行う取引」が記載されている（第7　融資及びその返済に着目した事例より）。

ドリル **第12回** (問題は54ページ) 解答・解説

【解　答】

(1)	(2)	(3)	(4)	(5)
×	○	×	×	○
(6)	(7)	(8)	(9)	(10)
×	×	×	○	×
(11)	(12)	(13)	(14)	(15)
×	○	○	○	×

【解　説】

(1) 外国人との共生社会実現に向けた国の施策の一環として、金融機関に対しては、外国人が円滑に預貯金口座の開設ができるよう金融庁から要請がなされているなど、マネー・ローンダリング・テロ資金供与のリスクを踏まえつつ、利便性向上に向けた取組みの推進が求められている。

(2) 特定事業者は、顧客等または代表者等が特定取引等を行う際に取引時確認に応じないときは、当該顧客等または代表者等がこれに応じるまでの間、当該特定取引等に係る義務の履行を拒むことができるとされている。

(3) リスクベース・アプローチにおいては、特定・評価されたリスクを前提としながら、実際の顧客の属性・取引の内容等を調査し、調査の結果をリスク評価の結果と照らして、講ずべき低減措置を判断した上で、当該措置を実施することとなるとされている。

(4) ITシステムにおける正確性、基準値や設定についても自金融機関の業務規模・特性や取引形態等に応じて定期的な検証を行う必要があり、日常の営業店業務における気付きやフィードバックが重要となる。

(5) 犯罪収益移転防止法上、顧客等および代表者等は、特定事業者に対して、取引時確認に係る事項を偽ってはならない旨が定められており、顧客・代表者等の本人特定事項を隠蔽する目的で、上記の規定に違反する行為をした者は、1年以下の懲役もしくは100万円以下の罰金、またはこれを併科するとされている。

(6) 補完書類の種類は国税・地方税の領収証書や社会保険料の領収証書、電気・ガス・水道水等の領収書が法定されており（施行規則6条2項各号）、携帯電話の利用料金の領収証書はこれに含まれない。

(7) 原則として、変更後の代表者等についての取引時確認は必要とされていないが、取引時確認をした事項に係る情報を最新の内容に保つための措置を講ずることが求められており、代表者等の変更について、確認記録への付記等が求められる。

(8) 2020年4月1日以降、非対面取引における確認方法が厳格化されたが、低リスクと認められる法人の従業員が給与支払口座を開設する取引で、当該法人に電話をかける等の方法で給与支払口座の開設であることが確認できる場合は、従来の確認方法が認められる。

(9) 「顧客管理を行う上で特別の注意を要する取引」として、統括管理者に当該取引に疑わしい点があるかどうか確認させ、承認を受けさせる必要がある。

(10) 米国は、金融機関・企業等に対し、米国財務省海外資産管理局（OFAC: Office of Foreign Assets Control）を規制当局として、一定の制裁対象国や制裁リストで指定された制裁対象者との取引禁止、資産凍結を定めており、米国との接点がある取引やドル建取引について、これに抵触した場合、米国外の金融機関・企業等でも制裁金を課されることがあり得る。

(11) ガイドラインでは、定期的に顧客情報の確認を実施することが求められているが、一律の時期を定めることまでは求められていない。

(12) 施行令15条1項3号。ただし、外国為替検査ガイドラインでは、取引時確認の対象とならない両替取引を行うに際しても顧客の氏名または名称とともに、当該顧客の特定に資する情報を収集することが重要であるとされている。

(13) ガイドラインでは、記録の保存における「対応が求められる事項」として、本人確認資料等の証跡のほか、顧客との取引・照会等の記録等、適切なマネロン・テロ資金供与対策の実施に必要な記録を保存することとしている。

(14) 令和元年の受理件数は全体で440,492件、そのうち「預金取扱機関」が366,973件、内訳として「銀行等」が最多の344,523件、「信用金庫・信用協同組合」が19,487件、「労働金庫」が371件、「農林等」が2,592件となっている。

(15) 「輸出先の国の技術水準に適合しない製品の輸出が疑われる取引」が疑わしい取引の参考事例に記載されている（第6　外国との取引に着目した事例より）。

【解　答】

(1)	(2)	(3)	(4)	(5)
○	×	×	○	○
(6)	(7)	(8)	(9)	(10)
×	×	×	○	×
(11)	(12)	(13)	(14)	(15)
○	○	○	○	×

【解　説】

(1) 犯罪収益移転危険度調査書は、犯罪収益移転防止法に基づき国家公安委員会が毎年作成・公表しており、令和元年12月の同調査書によれば、暴力団、特殊詐欺の犯行グループ、来日外国人犯罪グループがマネー・ローンダリングを行う主な主体として記されている。

(2) 金融庁「疑わしい取引の参考事例」中に「暴力団員、暴力団関係者等に係る取引」が記載されており、マネー・ローンダリング等に係る疑わしい取引の届出対象となり得る。

(3) 第3線である内部監査部門は、第1線と第2線が適切に機能をしているか、更なる高度化の余地はないかなどについて、これらと独立した立場から、定期的に検証していくことが求められるとされている。また、独立した立場から、全社的なマネロン・テロ資金供与対策に係る方針・手続・計画等の有効性についても定期的に検証し、必要に応じて、これらの見直し、対策の高度化の必要性等を提言・指摘することが求められている。

(4) ガイドラインでは、マネロン・テロ資金供与対策に関わる職員について、その役割に応じて、必要とされる知識、専門性のほか、研修等を経た上で取引時確認等の措置を的確に行うことができる適合性等について、継続的に確認することが「対応が求められる事項」として記載されている。

(5) 顧客が取引時確認に応じない場合には、金融機関は、当該顧客がこれに応ずるまでの間、特定取引に係る義務の履行を拒むことができる（犯罪収益移転防止法5条）。なお、疑わしい取引の届出の検討を要する場合には、必要な調査を行った上で統括管理者に疑わしい点があるかどうかを確認させる方法により疑わしい取引の届出の要否を判断する（施行規則27条3号）。

(6) 外国の重要な公的地位にある者等（外国PEPs）が、実質的支配者となっている法人も、犯罪収益移転防止法上の外国PEPsに当たる。

(7) 取引担当者が、当該法人を代表する権限を有する役員として登記されている場合には、取引関係文書の送付は不要であるが、それ以外の場合には送付が必要となる。（施行規則6条1項3号ロ）

(8) 公的個人認証サービスは、個人番号カードに搭載されている電子証明書を活用した本人確認サービスである。

(9) 高リスク取引については、犯罪収益移転危険度調査書の内容を勘案し、情報の収集・分析を行った結果を記載した書面等を作成して、確認記録または取引記録等とともに保存することとされている。

(10) 外為検査ガイドラインでは、預金口座の相続が発生した場合における、相続人（代理人を含む）に対する預金の払出しについても、外為法上は支払等または資本取引に該当し、許可を要する場合があり、払出しの前に、①相続人が資産凍結等経済制裁対象者に該当しないこと、②特定国（地域）に関する支払規制が行われている場合には、相続人の住所等が当該特定国（地域）に該当しないことについて確認する必要があるとされている。

(11) ガイドラインでは、自らが定める適切な顧客管理を実施できないと判断した顧客・取引等については、取引の謝絶を行うこと等を含め、リスク遮断を図ることを検討することとされ、全国銀行協会によるマネロン・テロ資金供与対策に係る普通預金約款・参考例の公表以降、各金融機関において預金規定等の見直しが進められた。

(12) 他行カード扱いの場合、預貯金口座を有する金融機関が記録を保存していることから、ATM を有している金融機関は取引記録の作成を要しない。

(13) 高リスク取引の実行、および疑わしい取引の届出の要否の判断のためには統括管理者の確認が必要である。

(14) 「貿易書類や取引電文上の氏名、法人名、住所、最終目的地等情報が矛盾した取引」が疑わしい取引の参考事例に記載されている（第6　外国との取引に着目した事例より）。

(15) 「自行職員又はその関係者によって行われる取引であって、当該取引により利益を受ける者が不明な取引」および「自行職員が組織的な犯罪の処罰及び犯罪収益の規制等に関する法律第10条（犯罪収益等隠匿）又は第11条（犯罪収益等収受）の罪を犯している疑いがあると認められる取引」が記載されている（第8　その他の事例より）。

【解　答】

	(1)	(2)	(3)	(4)	(5)
	×	○	×	×	×
	(6)	**(7)**	**(8)**	**(9)**	**(10)**
	○	×	○	×	×
	(11)	**(12)**	**(13)**	**(14)**	**(15)**
	○	×	×	○	○

【解　説】

(1) 銀行等金融機関については「主要行等向けの総合的な監督指針」、「中小・地域金融機関向けの総合的な監督指針」において、「取引時確認等の措置」が記載されており、ガイドライン記載の措置を的確に実施することのほか、具体的な態勢整備に係る着眼点が示されている。

(2) ガイドラインは、マネロン・テロ資金供与リスクが経営上重大なリスクになり得るとの理解の下、例えば、業績評価においてマネロン・テロ資金供与対策を勘案するなど、マネロン・テロ資金供与対策に関する経営陣の積極的な姿勢やメッセージを示すなど、経営陣に積極的な関与を求めている。

(3) 継続的な顧客管理の不備については金融庁の指摘がなされており、また、犯罪収益移転防止法上、「取引時確認をした事項に係る情報を最新の内容に保つための措置」が求められているが、顧客から定期的な報告を受けることは定められていない。ただし、顧客情報に変更があった場合等には、届出等を求め、記録しておくことが求められる。

(4) 対面の取引時確認において本人確認書類のコピーを用いることはできない（なお、非対面の場合は設問の書類の組合せによる確認は可能とされている（施行規則6条1項1号リ））。

(5) FATFは、非営利団体がテロリストに悪用される可能性を念頭に、加盟国に対して対策を要請しており、ガイドラインにおいても、活動の性質や範囲等によってはテロ資金供与に利用されるリスクがあることを踏まえリスク低減措置を講ずることが重要とされており、非営利団体においても、実質的支配者の確認や活動状況等を把握し、資金の流れ等に着目した継続的な管理が求められる。

(6) 人格のない社団・財団は、法人に当たらないものとされ、実質的支配者の確認は不要と

されている。

(7) ①テレビカメラ等で顧客の挙動確認が逐次なされていること、②確認書類である身分証明書の真偽を確認するに十分な画面の大きさと解像度を有する確認システム（テレビカメラ・スキャナー等）を有していることを前提に、一般に自動契約受付機コーナーはこれらの要件を充たしており、「対面取引」と認められるとされている。

(8) 外国PEPsに該当する家族の範囲は、本人と配偶者（内縁の配偶者を含む）およびその父母、子、ならびに兄弟姉妹を指すが、祖父母、孫は含まれない。

(9) 統括管理者の承認の有無の証跡を残すことまでは義務付けられていない。

(10) 外国為替ガイドラインにおいて、顧客から依頼を受けた外国送金について、疑わしい取引の届出を関係当局に提出する場合でも、資産凍結等経済制裁に抵触しないことを確認できない限り、当該送金を実行できないことに留意が必要とされている。

(11) ガイドライン上、「顧客リスク格付」とは、顧客が利用する商品・サービスや顧客属性等に対する自らのリスク評価の結果を総合し、個別の顧客ごとにリスク評価を行うこととして、「対応が期待される事項」に記載されている。

(12) ガイドラインでは、マネロン等リスクが高いと判断した顧客と属性が類似している他の顧客につき、リスク評価の厳格化等が必要でないかを検討することが「対応が求められる事項」の1つとされている。

(13) 顧客情報、確認記録・取引記録等のデータを定期的に検証することは、ガイドライン上の「対応が求められる事項」とされている。

(14) なお、犯罪収益移転防止に関する年次報告書（令和元年）によれば、99％が電子申請によっている状況にある。

(15) 「技能実習生等外国人の取引を含め、代理人が本人の同意を得ずに給与受取目的の口座開設取引を行っている疑いが認められる場合」が、疑わしい取引の参考事例に記載されている（第8　その他の事例より）。

営業店のマネー・ローンダリング対策ドリル

| 2020年10月10日 | 初版第1刷発行 |
| 11月30日 | 第2刷発行 |

編　者　　経済法令研究会
発行者　　志　茂　満　仁
発行所　　㈱経済法令研究会
〒162-8421　東京都新宿区市谷本村町3-21
電話 代表 03（3267）4811　制作 03（3267）4823
https://www.khk.co.jp/

営業所／東京 03（3267）4821　大阪 06（6261）2911　名古屋 052（332）3511　福岡 092（411）0805

表紙・本文デザイン／小山和彦（㈱ZAP）　イラスト／井上秀一　制作／西牟田隼人　印刷・製本／富士リプロ㈱

©Keizai-hourei Kenkyukai 2020　Printed in Japan　　　　　　　　　　　　　　ISBN978-4-7668-2453-7

☆　**本書の内容等に関する追加情報および訂正等について**　☆
本書の内容等につき発行後に追加情報のお知らせおよび誤記の訂正等の必要が生じた場合には、
当社ホームページに掲載いたします。
（ホームページ　書籍・DVD・定期刊行誌TOP　の下部の　追補・正誤表　）

得点管理表

部署		氏名	

提出日　　年　　月　　日

回 数	実 施 日	得 点	学習した点など
第1回	／	／15点	
第2回	／	／15点	
第3回	／	／15点	
第4回	／	／15点	
第5回	／	／15点	
第6回	／	／15点	
第7回	／	／15点	
第8回	／	／15点	
第9回	／	／15点	
第10回	／	／15点	
第11回	／	／15点	
第12回	／	／15点	
第13回	／	／15点	
第14回	／	／15点	

キリトリ線